Jörg Willems – Lampenfieber stoppen

AF235806

Jörg Willems

Bibliografische Information der Deutschen Nationalbibliothek:
Die Deutsche Nationalbibliothek verzeichnet diese Publikation
in der Deutschen Nationalbibliografie; detaillierte bibliografische Daten sind im Internet über http://dnb.dnb.de abrufbar.

© 2020 Jörg Willems, Kleve

Herstellung und Verlag: BoD – Books on Demand,
Norderstedt

ISBN: 9783752647150

Inhalt

Rechtliche Hinweise

VORWORT

Lampenfieber wird ähnlich schlimm wahrgenommen wie die Angst vor politischen Unruhen, Krieg, Tod oder gefährlichen Krankheiten. Das hat eine wissenschaftliche Studie eindeutig belegt. Lampenfieber ist die größte aller Ängste überhaupt – noch vor Flugangst, Aufzügen, Spinnen oder Mäusen. Mit dem einen Unterschied, dass man von der Bedrohung, die der Betroffene spürt nicht ernsthaft in seinem Leben beeinträchtigt oder gar sterben kann.

Es ist wie so oft im Leben immer eine Frage der persönlichen Bewertung einer bestimmten Situation. Jemand anderes findet vielleicht Lampenfieber gar nicht so schlimm.

Sie stehen vor Publikum und sollen eine Rede halten. Plötzlich bricht Ihnen der Schweiß aus. Sie haben feuchte Hände. Ihre Stimme versagt, obwohl Sie doch sonst nicht „auf den Mund gefallen" sind.

Sie kommen ins Stocken und verhaspeln sich. Sie finden nicht mehr in Ihren gewohnten Rhythmus hinein. Ihnen rutscht das Herz sozusagen „in die Hose". Sie werden nervös. Ja sogar Ihre Stimme verändert sich plötzlich in hohe fiepende Töne. Alles, was Sie sich sorgfältig überlegt oder auswendig gelernt haben, ist mit einem Mal weg. Kennen Sie das?

Und dann gibt es diejenigen, die schon in der Schule immer eine große Klappe hatten und schlagfertig waren. Die haben nie eine Hand vor den Mund genommen und immer mit dem Brustton der Überzeugung geredet, wann immer es ihnen einfiel: ob vor dem Lehrer, vor der Klasse, auf dem Schulhof oder im Schultheater. Manchen ist es eben in die Wiege gelegt, eben nicht schüchtern zu sein und in Eisstarre zu verfallen, wenn sie vor anderen reden oder agieren. Die kennen Lampenfieber überhaupt nicht.

Man muss nur einmal in so manchen Lebenslauf von Comedians oder Fernsehmoderatoren schauen. Die sind oft schon früh ihren eigenen Weg gegangen: mit Selbstbewusstsein und Zielgenauigkeit, ohne auf den Rat von Eltern und Lehrern zu hören. Aber das sind die Wenigsten. Sonst wären wir ja auch eine Republik nur von Comedians. Die sind eben rar gesät. Normal ist das nicht. Wenn Sie Lampenfieber haben, befinden Sie sich in bester Gesellschaft mit der Mehrheit der Deutschen, ja sogar mit Managern, Schauspielern, Politikern, Repräsentanten, Wirtschaftsbossen, Schülern und Studenten. Sie müssen keine Angst haben, dass Ihnen etwas fehlt oder Ihr Lampenfieber etwa unnormal ist.

Und noch eines: Auch diejenigen, die Ihnen cool, selbstsicher und beherrscht vorkommen, kochen manchmal innerlich. Wir wissen doch gar nicht, was in dem vorgeht, der lässig daherkommt. Beobachten Sie mal diese coolen Typen genauer, wie sich deren Kauknochen hin- und herschieben, während Sie mit ihnen reden. Manche von denen zerplatzen förmlich vor innerer Anspannung. Oder wie sich deren Hände zu Fäusten anspannen.

Ich hatte mal einen Arbeitskollegen, der als „Abteilungsclown" immer die Truppe aufheiterte. Der war so schlagfertig witzig, dass ihn alle bestaunten – bis ich eines morgens beim Betreten des Büros von einem Kollegen mit der erschreckenden Nachricht empfangen wurde, dass er mit 59 Jahren an einem Herzinfarkt verstorben war. Ich hatte das zweifelhafte Vergnügen, seinen Schreibtisch aufzuräumen – und fand jede Menge Valium. Was muss der Mann gelitten haben, uns immer diesen Lampenfieberfreien Clown vorgespielt zu haben? Auch das kann eine Kehrseite von Lampenfieber sein. Wohl dem, der es von Natur aus hat – Glückwunsch.

Aber seien Sie deshalb nicht verzweifelt, wenn Sie feuchte Hände bekommen oder Ihnen der Mund vor Trockenheit zuklebt, wenn Sie öffentlich auftreten. Sie sind ab jetzt nicht mehr alleine damit! Ihr Verbündeter, dieses Buch, gibt Ihnen Hilfen an die Hand, wie Sie Lampenfieber wegtrainieren und sich eine gewisse Lässigkeit angewöhnen können.

TOPOPHOBIE – KANN MAN DAS ESSEN?

Lampenfieber – wissenschaftlich „**Topophobie**" - kennt jeder, und wenn es nur die Schmetterlinge im Bauch sind oder die Aufregung vor dem ersten Kuss, der ersten Begegnung mit der Traumfrau. Jeder ist dem Phänomen Lampenfieber in irgendeiner Form mehr oder weniger heftig schon einmal begegnet. Insbesondere dann, wenn wir im Rampenlicht der Öffentlichkeit stehen, versagt uns plötzlich die Stimme oder geraten wir ins Stottern.

Schon der Schriftsteller Mark Twain sagte: „Das menschliche Gehirn ist eine großartige Sache. Es funktioniert vom Moment der Geburt an – bis zu dem Zeitpunkt, wo Du aufstehst, um eine Rede zu halten."

Lampenfieber wörtlich zerlegt bedeutet ja nichts anders als eine Reaktion unseres Körpers (Fieber) auf Lampen – auf einer Bühne, im Blitzlichtgewitter, im Rampenlicht: Wir sind plötzlich Herr des Geschehens, und alle Blicke sind auf uns gerichtet. Alle möglichen Gedanken schießen uns durch den Kopf: Wie denken die Leute über mich? Was bemängeln sie an mir? Sitzt mein Hemd, mein Jackett, mein Kleid richtig? Lacht mich vielleicht jemand aus? Reden die über mich und wenn ja, was? Wie finden die meine Rede, ist das alles am Thema vorbei oder treffe ich den richtigen Ton? Sie verhaspeln sich, sprechen plötzlich viel lauter, hektischer und irgendwie höher als im Normalfall?

Plötzlich schießt uns alles durch den Kopf anstatt uns nur auf das zu konzentrieren, was wir sagen wollen. Dann bringen wir vielleicht auch noch unsere Spickzettel durcheinander – der letzte Halt ist weg! Wir schaffen es nicht, an den Blicken der Zuschauer einfach vorbei zu sehen und nicht durch irgendetwas im Publikum irritiert zu werden. Es ist völlig egal. Denn wir meinen sowieso zu wissen oder zu glauben, was in den Köpfen anderer jetzt vor sich geht, anstatt einfach nur unser Ding zu machen und abzuspulen, was wir können. Wir haben es ja zuvor hundertmal trainiert und uns überlegt, was wir sagen wollen. Also warum reden wir nicht einfach souverän, setzen unseren Körper mit Aufmerksamkeit erreichenden Bewegungen ein, suchen den Blickkontakt, überzeugen mit offenen Augen, zeigen durch Lächeln Sympathie und Begeisterungsfähigkeit. Es wäre so einfach, aber plötzlich im Rampenlicht versagen alle unsere Fähigkeiten. Wie von Geisterhand manipuliert ist alles weg. Gute Vorsätze schwinden dahin, zerfließen im Moment des Auftritts, und wir stehen vor dem Scherbenhaufen aller guten Vorsätze. Selbst das fällt uns nicht mehr ein, dann auch dazu zu stehen und dem Publikum einfach einzugestehen: „Ich habe Lampenfieber", was ja nur allzu menschlich wäre. Denn so könnte man auch die Situation retten.

DEFINITION EINDEUTIG?

Dabei gibt es nicht einmal eine eindeutige Definition von Lampenfieber. Lampenfieber nur als Redeangst oder Auftrittsangst zu bezeichnen, wäre zu wenig. Oft verwendet man Lampenfieber und Aufführungsangst synonym nebeneinander. Man grenzt auch beides gegeneinander ab:

- Lampenfieber als positiv leistungssteigerndes Auftrittsgefühl mit schöpferischem und gestaltendem Erleben
- Auftrittsangst, die sich negativ auswirkt als passiver Zustand, bei dem sich der Agierende eher als Opfer sieht.

Manche Menschen werden ja schon nervös, wenn Sie nur irgendwo auf der Bühne, im Rampenlicht, in der Öffentlichkeit stehen. Hier kommen wir dann auch schnell zu den sozialen Phobien, in denen sich jemand schnell vermeintlich von anderen negativ beobachtet und bewertet fühlt.

Man sieht es Menschen an, die sich unwohl fühlen, nicht wissen, wie und wo sie ihre Hände lassen sollen. Manche stecken sie lässig aus Unsicherheit in die Hosentaschen, verschränken sie oder halten eine Hand wie Napoleon ins Jackett. So macht es übrigens auch Kronprinz Charles aus England. Oder er spielt nervös an seinem Ringfinger. Man muss einfach mal Prominente genauer beobachten. Nicht jeder ist souverän genug und kann sein Lampenfieber geschickt überspielen.

Wer oft im Rampenlicht steht, findet irgendwann zu seinem eigenen Weg, mit dem Lampenfieber umzugehen. Der ehemalige Bundeskanzler Helmut Kohl kullerte oft seine Augen in den Himmel hinein und war dann einfach mal weg – von den Blicken von Millionen an den Bildschirmen. Es gibt nur ganz Wenige, die diese Interaktion Publikum/Einzeldarsteller perfekt gelernt haben. Übrigens ist das natürlich auch Teil der Ausbildung von Schauspielern. Insofern müssen Politiker auch immer gleich Schauspieler sein. Der ehemalige Bundeskanzler Gerhard Schröder beherrschte dieses mediale Spiel perfekt – ohne irgendeine Spur von Lampenfieber. Doch so mancher Politiker wirkt zeitlebens trotz aller Bemühungen buchstäblich wie der Ritter von der traurigen Gestalt. Es gibt eigens Crash-Kurse gegen Lampenfieber mit Personal-Trainer, gerade für Politiker und Wirtschaftsmanager (dazu später mehr).

WAS IST LAMPENFIEBER GENAU?

Lampenfieber ist ein weit verbreitetes Phänomen, das Menschen jeder Altersklasse, jeden Geschlechts, jeder Stellung und in jeder Situation treffen kann – natürlich solche, die von Berufs wegen im Rampenlicht stehen, häufiger: Schauspieler, Sänger, Tänzer, Musiker, Politiker, Wirtschaftsbosse, Professoren, Lehrer – aber eben auch so genannte Gelegenheitsdarsteller wie Schüler, Studenten oder Wettkandidaten in Shows.

Was läuft körperlich bei Lampenfieber ab? Die Steuerzentrale in unserem Gehirn, der Hypothalamus, löst eine Reaktion des Sympathicusnervs aus. Diese hat zur Folge, dass die Nebennierenrinde Adrenalin und Noradrenalin ausschüttet. Das kann ebenso positive wie negative Auswirkungen haben, wie wir unten näher erläutern. Jeder Mensch hat unterschiedlich mehr oder weniger Lampenfieber.

Manche bleiben selbst bei großen Ereignissen auf der Bühne vor tausenden von Menschen noch ruhig und cool. Andere dagegen bekommen schon Lampenfieber, wenn sie im kleinen Familienkreis, der ja vertraut ist, nur probeweise vorsprechen. Es gibt aber durchaus Mittel und Wege, dem Lampenfieber Paroli zu bieten. Ja, man kann lernen, damit umzugehen, und man kann einen sicheren Auftritt hinlegen, so dass dem Publikum die innere Anspannung nicht auffällt und man nahezu perfekt erscheint. Wenn wir wüssten, wie es in so manchem Künstler brodelt, die uns als souverän vorkommen. Schauen Sie mal genauer auf deren Stirn und entdecken Sie dort die Schweißperlen: pures Lampenfieber!

Um Lampenfieber anschaulich zu verstehen, genügt erst einmal eine ganz einfache Vorstellung: Sie stehen in der Küche und bereiten das Mittagessen vor (oder Sie sitzen an Ihrem Computer und schreiben etwas). Plötzlich öffnet sich die Tür und ein Leopard springt ins Zimmer. Welche Möglichkeiten haben Sie nun? Bevor Sie reagieren, bewerten Sie blitzschnell die Situation. Es gibt zwei Sichtweisen für diese Situation:

Sie kennen den Leoparden, weil Sie ihn von Geburt an mit der Flasche aufgezogen haben. Sie freuen sich nun, dass er Sie wieder einmal besucht. Sie reagieren nicht hektisch, sondern vertraut. Jeder andere würde nun denken, dass Sie kein Raubkatzendompteur sind und der Leopard für Sie eine lebensbedrohliche Gefahr darstellt. Als bedrohter Mensch bleiben Ihnen nun zwei Möglichkeiten: Sie können vor dem Leoparden weglaufen oder Sie kämpfen mit ihm.

Man bezeichnet das als Fight-of-Flight-Zustand. Der aktiviert sich in unserem Körper immer dann, wenn wir einer Bedrohung gegenüber stehen. Spontan aktivieren sich alle Kräfte im Körper auf Fliehen oder Kämpfen. Die Nebennierenrinde setzt die Stresshormone Adrenalin, Kortisol und Noradrenalin frei. Sie gelangen in unseren Blutkreislauf und schrauben alle Funktionen hoch, die dazu geeignet sind, zu fliehen oder zu kämpfen, zum Beispiel:

- Unsere Schmerztoleranz steigt an, um nicht im Kampf oder auf der Flucht von kleinen nebensächlichen Schmerzen abgelenkt zu werden.
- Unsere Blutgerinnung im Körper erhöht sich, um Verletzungen schneller abheilen zu lassen, die wir uns im Kampf oder auf der Flucht zuziehen.
- Unser Blutzuckerspiegel steigt. So setzt sich Energie für die Muskeln schneller frei. Erhöhte Herzfrequenz und ein erhöhter Blutdruck unterstützen das außerdem.
- Die Grundanspannung unserer Muskeln steigt. Sie sind im wahrsten Sinne des Wortes angespannt. So ist es bis zur wirklichen Anspannung der Muskeln, wie sie beim

Kämpfen oder Fliehen nötig ist, nicht mehr weit und sie brauchen nicht den weiten Weg von der absoluten Entspannung hin zur notwendigen Anspannung, sie stehen quasi schon auf „Hab acht!"

- Vielen Menschen wird bei Aufregung schlecht; sie bekommen Durchfall und/oder schwitzen. Damit werfen sie Ballast ab, den man für Flucht oder Kampf nicht braucht. Ist man nämlich leichter, kann man besser fliehen oder kämpfen.

Der Körper reduziert nun außerdem alle unnötigen Reaktionen. Wären wir überlastet, würden wir im Anblick des Leoparden vielleicht sofort tot umfallen. Deshalb die Frage:

Was benötigen wir also nicht, wenn wir aufgeregt sind?

- Hunger oder Verdauung sind nicht nötig. Ein Hungergefühl im Anblick des Raubtieres wäre purer Luxus. Sie haben ohnehin keine Zeit, sich etwas Essbares zu besorgen, wenn der Leopard vor Ihnen steht.
- Sexuelle Erregung ist absolut unnütz in dieser Situation.
- Sie müssen nicht mehr groß nachdenken, sondern nur noch fliehen oder kämpfen. Daher leidet in einer solchen Situation Ihre komplexe Denkfähigkeit.

Warum all diese Beispiele?

Bei Lampenfieber läuft in Ihrem Körper genau der gleiche Prozess ab!

Denn die meisten Menschen halten Zuhörer genauso gefährlich wie wilde Tiere. Man muss also wissen, welche Dinge einsetzen, wenn Lampenfieber auftritt. Dann kann man auch eher verstehen, warum wir uns in bestimmten Situationen so verhalten. So findet man nämlich auch Ansätze, Lampenfieber zu bekämpfen.

Grundsätzlich ist zwar Lampenfieber nicht schlimm, kann aber in bestimmten Situationen schlimme Folgen haben. Stellen Sie sich den Verkäufer vor, der ein Kundengespräch versemmelt. Der wird nicht viel verkaufen. Wenn er auf Provisionsbasis arbeitet, kann er kaum seine Familie ernähren. Das ist dann schon existenzbedrohend.

Oder nehmen Sie den Politiker, der in seinen Auftritten unglücklich wirkt, unsicher ist. Der wird selten Wahlen gewinnen und ist schnell aus dem Geschäft.

Die Operndiva, die auf der Bühne eine Arie nach der anderen vergeigt, mag noch so gut singen, aber engagiert wird sie wohl kaum.

Der Wirtschaftsmanager, der die hervorragende Bilanz seines Unternehmens schweißgebadet im

Blitzlichtgewitter der Kameras unsicher vorträgt, wird den Aktienkurs seiner Firma eher negativ beeinflussen.

Schauspieler, die ihre Auftritte verhaspeln, verärgern den Regisseur und Produzenten, die jede Szene zehn- oder zwanzigmal abdrehen lassen müssen.

Lehrer, die vor Schülern den Unterrichtsstoff nicht souverän erklären können, sind Langweiler und bringen kaum etwas bei.

Lampenfieber ist zwar nicht schlimm – und doch! Man stirbt zwar davon nicht, aber es kann in sehr unglücklichen Fällen sogar die Existenz bedrohen.

Vielfach wird Lampenfieber mit Redeangst gleich gesetzt. Was ist aber der Unterschied genau? Lampenfieber umfasst viel mehr Situationen auf der Bühne, im täglichen Leben oder im Berufsleben. Eine bekannte Personal-Trainerin hat einmal gesagt: „Im Vergleich zur Redeangst, die einem schweren grippalen Infekt gleichkommt, der uns niederstreckt und sogar handlungsunfähig macht, ist Lampenfieber nur ein leichter Schnupfen: lästig, aber erträglich." Man spüre beim Lampenfieber lediglich eine leichte Nervosität und Unruhe, eine innerliche Anspannung, ein gewisses aufgeregt Sein oder Schmetterlinge im Bauch mit vielleicht feuchten oder kalten Händen.

Dagegen blockiert uns die Redeangst total und schadet uns sogar. Lampenfieber kann dagegen auch durchaus hilfreich sein. Ein leichter Adrenalinstoß, der aktiviert und motiviert. Lampenfieber schärft unsere Sinne und die Konzentration. Der Adrenalinstoß hilft, unser Bestes zu geben. Positive Energie steckt in ihm, die wir nutzen können. Deshalb ist Lampenfieber nützlich.

WELCHE AUSWIRKUNGEN HAT LAMPENFIEBER?

Lampenfieber hat nicht nur negative Folgen, auch wenn es so aussehen mag. „In Dir muss brennen, was Du in anderen entzünden willst", sagte schon Augustinus, der katholische Kirchenlehrer.

Wenn Adrenalin in unserem Körper ausgeschüttet wird, bringen wir es zu Höchstleistungen. Und es stimmt: Die besten Schauspieler haben vor jedem Auftritt Lampenfieber. Was wir im Film präsentiert bekommen, ist ja nur das Ergebnis harter Arbeit. Was meinen Sie, wie oft manche Szene zuvor wiederholt werden musste – aus Lampenfieber und Aufgeregtheit. Manchmal lassen uns die Filmemacher im Nachspann ein wenig hinter die Kulissen blicken und zeigen uns lustige, vergeigte Szenen unter dem Stichwort „Klappe, die Vierundzwanzigste!"

Was passiert also bei Lampenfieber, welche körperlichen Reaktionen löst das aus? Im Moment der Anspannung schüttet der Körper Adrenalin aus. Diese Portion stellt uns darauf ein, nun alles dem Auftritt unterzuordnen, nebensächliche Funktionen auszublenden, uns zu konzentrieren. Sind wir zu sehr angespannt, funktioniert die Übertragung von Informationen zwischen den einzelnen Nervenzellen nicht mehr, es kommt zum Blackout. Wichtig ist also eine gesunde Balance: so viel Lampenfieber wie nötig, so wenig wie möglich. Denn unser Gehirn arbeitet am besten, wenn wir weder zu gleichgültig noch zu angespannt in eine Situation wie der Prüfung, dem Auftritt oder dem Bewerbungsgespräch hineingehen. Denn eine Portion Lampenfieber ist durchaus angemessen, denn sie stachelt uns auch zu Höchstleistungen an, fördert also auch unsere Kreativität.

Wie wir schon vorher beschrieben haben, löst Lampenfieber Köperreaktionen aus. Ihm werden aber auch andere Eigenschaften zugeschrieben, positive wie negative.

Positive Auswirkungen von Lampenfieber:

- Es wirkt wie ein Aufputschmittel.
- Es erzeugt eine gewisse Spannung.
- Es steigert das Leistungsvermögen.
- Das Kribbeln ist positiv.
- Es setzt Reserven frei und gibt mehr Kraft.
- Lampenfieber macht einen Auftritt spannend,
  weil Unvorhergesehenes passieren kann.

Negative Auswirkungen von Lampenfieber:

- Man bekommt Schweißausbrüche.
- Plötzlich stellt sich ein Blackout ein.
- Die Stimme versagt und man stottert plötzlich.
- Man macht sich vor aller Öffentlichkeit lächerlich.
- Es zittern die Knie.
- Man bekommt Herzrasen.
- Man verliert den Faden und weiß nicht mehr weiter.
- Ein ganzer Auftritt kann daneben gehen, man bricht ihn ab.
- Lampenfieber bedeutet Stress für den Körper.
- Die Zunge klebt im trockenen Gaumen fest.
- Man stottert plötzlich.
- Menschen mit Lampenfieber leiden unter Schlafstörungen.
- Plötzlich schießt Blut in den Kopf.
- Man wird rot im Gesicht oder kalkweiß.

Kluge Personalchefs beobachten deshalb gern Bewerber auch in ihren körperlichen Reaktionen:

Werden sie rot? Reagieren sie mit Hautausschlägen? Wie bewegen sie sich? Welche Grundanspannung haben Sie? Wie ist ihre Stimme? Können sie noch komplex denken? Wie souverän ist ein Kandidat überhaupt? Der Umgang mit Lampenfieber gehört eben zu unserem Leben ganz normal dazu. Es sollte aber nie entscheidendes Kriterium sein, denn man kann ihn auch erlernen.

Um auf das Beispiel mit dem Leoparden zurückzukommen: Unser Körper ist auf Aktivität eingestellt, bekommt sie aber nicht, weil wir in der Situation erstarren. Bei Ihrem Auftritt vor Publikum wollen Sie vor allem souverän und ruhig wirken, kompetent und gelassen überzeugen. Sie gehen ja nicht auf die Bühne, um das Publikum zu erschlagen oder wegzurennen. Deshalb verwundert es auch nicht, dass dies alles völlig unlogisch für unseren Körper ist und er sich mit aller Kraft und noch mehr Stress dagegen sträubt. Sagen Sie sich: Das ist alles völlig normal, und Sie sind nicht anormal! Lampenfieber gehört zu unserem Leben wie Essen und Trinken.

Die Stressreaktionen unseres Körpers sind in der Evolution begründet. Sagen Sie sich immer wieder: Ich bin nicht der Einzige, der damit zu kämpfen hat. Ich befinde mich in bester Gesellschaft mit Bossen und Schauspielern. Man muss nur einmal den Teufelskreis durchbrechen: Lampenfieber haben –

Auftritte meiden – keine Erfahrungen sammeln – noch mehr Lampenfieber haben. Man kann nämlich auch Lampenfieber für sich positiv nutzen. Die Tipps und Tricks dafür schauen wir uns später genauer an.

LAMPENFIEBER = EMOTIONALER ZUSTAND

Lampenfieber ist nichts Medizinisches, sondern ein emotionaler Zustand. Er zeigt sich in physischen und psychischen Reaktionen. Dabei sind deren Vorgänge entweder bewusst und damit dann auch dem Willen zugänglich. Oder aber sie sind unwillkürlich, vegetativ. Beide beeinflussen sich gegenseitig. Jeder Mensch hat unterschiedliche Ausprägungen und verschiedene Relationen. Dabei steht das negative Lampenfieber oft in Zusammenhang mit folgenden Attributen: Anspannung, Reizbarkeit, depressiven Gefühlen, Beklemmung oder Angst. Daraus resultieren Symptome und Beeinflussung unseres Verhaltens. Sie verstärken das Gefühl, einer bestimmten Situation nicht gewachsen zu sein und demzufolge hilflos zu sein, ja, sich schämen zu müssen, peinlich berührt zu sein. Daraus wiederum können Kontrollverlust und Panik entstehen.

PHYSIOLOGISCHE REAKTIONEN

Man kann viele objektiv körperlich messbare Reaktionen als Symptome dem Lampenfieber zuordnen. Beispielsweise sind das ein erhöhter und unregelmäßiger Herzschlag, Blässe oder Erröten im Gesicht, am Hals oder auf Händen und Armen, Zittern, Muskelverspannung und weiche, schlotternde Knie. Insbesondere Muskelanspannungen sind für Musiker und Schauspieler besonders problematisch, weil ein erhöhter Muskeltonus bis zu motorischen Blockaden reichen kann. Das wiederum schränkt die Feinmotorik und dann auch die Kontrolle der Bewegungsabläufe ein. Außerdem können folgende Symptome auftreten: Magenschmerzen, Blähungen, ein Kloßgefühl im Hals, beschleunigte Atmung, ein Gefühl von Enge, Aufstoßen, Erbrechen.

Das Nervensystem kann mit Harndrang, Pupillen-Erweiterung, Schweißausbrüchen, Schwindel, Ohnmachtsgefühl, Kopfschmerzen und Augenflattern reagieren. Manche dieser Symptome sind zwar für Außenstehende nicht sichtbar, können aber den Gefühlszustand durch verschiedene Gesichtsausdrücke deutlich machen. Die emotionale Reaktion auf Lampenfieber wird oft für den subjektiven Betrachter erst mit den körperlichen Reaktionen sichtbar, von den Betroffenen selbst jedoch eher in Wartesituationen als bei Action, die Aufmerksamkeit erfordern.

DENKVERMÖGEN VERÄNDERT?

Mangelnde Konzentration und beeinträchtigtes Erinnerungsvermögen passieren als bei negativem Lampenfieber häufig. Man vergisst Details oder sogar wichtige Schwerpunkte (Blackout). Gedanken kreisen sich plötzlich um erwartete Ereignisse, Erinnerungen, mögliche Gefahren oder gar Bedrohungen, ja sogar um Zweifel an der eigenen Leistungsfähigkeit. Das vermindert die Aufmerksamkeit, die ja eigentlich dem bevorstehenden Auftritt, der Rede, der Aktion auf der Bühne gewidmet werden sollte. Eine solche Ablenkung kann bis zu einer totalen Denksperre führen, zur plötzlichen Verwirrung. Die Sorgen, negativen Erwartungen und Befürchtungen einer vernichtenden Niederlage auf der Bühne oder in der Öffentlichkeit nehmen plötzlich überhand.

WIE ÄNDERT SICH DAS VERHALTEN?

Ein weiteres Symptom von Lampenfieber kann ein plötzlich verändertes Verhalten sein, und zwar in zwei Richtungen:

- Eine Haltung des Vermeidens und Flucht
- Erhöhte Leistungsbereitschaft und Aktivierbarkeit.

So hat man festgestellt, dass manche von Lampenfieber Betroffene unter Schlafstörungen oder einem geringeren Appetit leiden. Andere dagegen versuchen, ihrer inneren Unruhe durch übermäßiges oder zwanghaftes Essen zu kompensieren. Das sind dann so genannte Zwangshandlungen. Lampenfieber vermittelt den Betroffenen ein Gefühl der Überforderung, und das wiederum lässt sie bestimmte Situationen einfach vermeiden. Sie stürzen sich entweder in hektische Betriebsamkeit oder in ständige Erschöpfung und Lähmung.

WIE GEHEN WIR NUN DAMIT UM?

Man wirkt mit Lampenfieber viel authentischer – und eben nicht so perfekt wie ein von außen gesteuerter Roboter. Deshalb sollten wir es auch erst gar nicht versuchen, Lampenfieber ganz auszuschalten. Wir werden es auch gar nicht schaffen. Es gibt kein Patentrezept gegen plötzliche Panikattacken oder Blackouts. Sie kommen einfach – und gehen auch wieder. Wichtig ist nur, sich wieder zu fangen. Man ist deshalb auch dem Lampenfieber oder der Angst vor einem Auftritt nicht chancenlos ausgeliefert. Keiner wird aber über Nacht vom Angsthasen zum Helden. Man muss trainieren, sozusagen flatternde Nerven im Zaum zu halten. „Du schaffst das schon", mag zwar ein gut gemeinter Rat sein, hilft aber dem Betroffenen überhaupt nicht. Man kann sich bei Lampenfieber nur selbst am eigenen Schopf packen und aus dem Sumpf ziehen. Lernen Sie richtig mit dem Lampenfieber umzugehen und für sich positiv zu nutzen. Wie? Lampenfieber kratzt Sie auf, lässt Sie alles um sich herum vergessen. Jetzt sind Sie allein dran, keiner hindert Sie. Sie singen plötzlich wie ein Heldentenor oder reden wie ein Staatsmann. Sie bewegen sich auf der Bühne, als wären Sie in Ihrem Wohnzimmer. Die Massen klatschen Ihnen begeistert zu und putschen Sie damit noch mehr auf.

URSACHEN VON LAMPENFIEBER

Um ein Mittel, ja eine Lösung für Lampenfieber zu finden, sollte man sich vorher mit den Ursachen von Lampenfieber beschäftigen. Desto eher findet man seine individuelle Lösung! Gehen wir also der Sache einmal auf den Grund:

Lampenfieber mindert die Leistungsfähigkeit eines Menschen. Ursachen gibt es viele. Es ist meist ein Wechselspiel von äußeren Bedingungen sowie Erwartungen und liegt in der Persönlichkeit des Betroffenen begründet.

Gesellschaftliche Gründe: Menschen haben weniger Angst vor äußerer Gewalteinwirkung der Natur durch Vulkanausbrüche, Hurrikans oder Fluten. Dazu hat ein Wandel der gesellschaftlichen Struktur und Macht geführt. Man hält heute eher solche Naturgewalten für beherrschbar. Menschen haben dagegen eher vor sich selbst Angst. Verunsicherung über die eigene Persönlichkeit führt heute eher zur Abgrenzung. Man will sich von anderen unterscheiden, um **wer** zu sein.

Wir sammeln heute Erfahrungen und Erkenntnisse eher in imaginären Welten wie dem Fernsehen,

Computerspielen oder Filmen. Emotionen erleben wir kaum noch am eigenen Körper selbst. So begründet sich diese Unsicherheit über die eigene Person. Man wird sich selbst mehr und mehr fremd. Die Menschen fühlen sich schon in alltäglichen Situationen in einer Art Prüfung. Dafür müssen sie Energie aufwenden, um Ängste abzuwehren. Die Angst vor einem öffentlichen Auftritt spiegelt somit nichts anderes wieder als die gewöhnliche Situation unserer Gesellschaft in teilweise übersteigerter Form. So steigert sich nämlich auch das Ausmaß der Angst. Der innere Konflikt ist dabei höchst unterschiedlich:

- Der Auftritt ist attraktiv für das Selbstwertgefühl. Er stellt eine Herausforderung dar und gibt uns die Chance, Punkte zu sammeln. Im Auftritt können wir uns präsentieren und zeigen, was in uns steckt.

- Der Auftritt bietet die Gefahr einer möglichen Blamage. Wenn wir ihn vergeigen, sind wir gleich vor vielen blamiert. Im Moment des Auftritts sind wir der Öffentlichkeit, dem Publikum ausgeliefert. Es kann uns mit seiner Reaktion aus dem Konzept bringen.

Die **heutige Gesellschaftssituation** ist somit auch Ursache von Lampenfieber. Wir setzen viel zu sehr auf äußere Werte, den Roten Teppich. Öffentlich präsent sind doch die Gutaussehenden, geschickt („geschmeidig") Agierenden, Beauty und Jugendwahn sind trumpf. Innere Werte fallen dabei unter den Teppich. Man erinnere sich nur an Susan Boyle und Paul Potts, die englischen Superstar-Gewinner: Hervorragende Sänger, aber mit unmöglichem Outfit. Sie mussten erst mal nachträglich gestylt werden (Paul Potts erhielt gar ein neues Gebiss!), um dauerhaft erfolgreich zu sein. Daran sieht man unseren Beauty-Wahn. Susan Boyle in ihrem Hausmütterchen-Style tritt heute als wundervolle Operndiva auf. Das verlangt das Publikum. Andersherum hat man in unserer Gesellschaft keine Chance.

So ist die Sichtweise. Wir assoziieren nämlich mit schlechtem Outfit Erfolglosigkeit und mangelndes Selbstwertgefühl. Und man sieht dabei noch etwas anderes: Man kann mit Lampenfieber leben, in eine neue Rolle auch hineinwachsen. Die Botschaft also: Lampenfieber lässt sich erfolgreich bekämpfen und überwinden. Wichtig: Die Erwartungen von außen einfach ignorieren. Seien Sie nur Sie selbst. In Perfektion gelingt es dem Künstler, der - selbst noch ausgebuht - einen schlagfertigen Spruch drauf hat, wie etwa: „Haben Sie Ihr Ticket überhaupt bezahlt – oder etwa geschenkt bekommen? Und dann hier Krawall machen, ja das haben wir gern." Der Mann ist durch. Der darf sein Können ungestört ohne Lampenfieber weiter präsentieren.

Manche Moderatoren, Präsentatoren oder Showmaster gehen bewusst von der Bühne aus eine Kommunikation mit dem Publikum ein. Sie lockern sich damit auf, schaffen eine vertraute Atmosphäre. Sie holen sich das Publikum auf ihre Seite. Da kann so schnell nichts mehr passieren.

Heutzutage ist insbesondere bei den so genannten Livesendungen im Fernsehen fast alles geplant. Ein Team von Helfern platziert haargenau die Zuschauer. Wer kommt in die erste Reihe, ist optisch gut drauf? Wen kann man an der Gangway gut ansprechen, wer eignet sich dazu? Und dann gibt es kurz vor dem Start ein paar Lockerungsübungen fürs Publikum: Zunächst wird der Moderator in seinen Eigenarten und seiner ganzen Menschlichkeit beschrieben. Dann wird noch etwas geübt: Beim Eintreten des Moderators wird auf Kommando geklatscht, und das mindestens eine gefühlte Minute lang. Wo soll da noch Lampenfieber aufkommen? Und auch die Zwischen-Szenarien sind eingeübt: Im Hintergrund stehen Helfer, die das Publikum auffordern, wann geklatscht oder gelacht werden soll und wann Schluss ist. Nichts wird dem Zufall überlassen.

Und dennoch: Je mehr eine von der Gesellschaft aufgezwungene Rolle (Moderator, Politiker, Wirtschaftsboss, Schauspieler) festgefügter ist und mehr von der eigenen Persönlichkeit wegführt, umso größer wird auch die Abwehr gegen sie. Ängste des Versagens treten dabei häufiger auf. Lampenfieber ist nahezu verständlich.

GRÜNDE IN DER PERSON

Lampenfieber steckt in der emotionalen Schublade, deswegen wird es auch gern als Emotion bezeichnet. Solche Emotionen entstehen durch Gewohnheiten, die wir erlebt haben. In einem frühen Lernprozess bringen wir bestimmte Situationen mit körperlichen Empfindungen in Verbindung. Erinnern wir uns plötzlich daran, dann löst dieses Geschehen oder die Vorstellung daran ähnliche Reaktionen aus.

Wir können sogar die Angst so einteilen, dass nur eine bestimmte Stelle im Auftritt automatisch eine Stressreaktion auslöst. Die Emotion können wir auch durch Vorbilder erlernen. Man lässt sich dann praktisch von der Reaktion der Anderen anstecken und hat willkürlich Angst. So können sich regelmäßig wiederholende Stressreaktionen auch zur Gewöhnung werden und dann auch zu einer verstärkten allgemeinen Angst führen. Die Ängstlichkeit kann so zu einer ausgeprägten Persönlichkeitseigenschaft werden – etwa von regelmäßig im Beruf auftretenden (Verkäufer, Lehrer). Diese Angst dominiert dann auch alltägliche Situationen. Erlebte Angst in Verbindung mit dem Verhalten der Mitmenschen – etwa Lehrer-Schüler-Reaktionen: Schüler erkennen die Angst des Lehrers und nutzen sie schamlos aus, indem sie ihn nicht mehr ernst nehmen – entmutigen den Betroffenen. Seine subjektiven Erwartungen werden negativer. Lampenfieber verfestigt sind und findet kein Lösungsventil.

Folgen: schlechtes Selbstwertgefühl, geringes Selbstvertrauen. Sie sind dann Auslöser dafür, dass der Betroffene mehr über Fehler in seinem Auftritt nachdenkt und sich schließlich überfordert fühlt, obwohl er ja fachlich eigentlich ein guter Lehrer ist. Aber in dieser Situation schafft er es nicht mehr, mit seiner fachlichen Qualifikation seine verhaltensbedingten Mängel zu überlagern. Er erreicht quasi seine Schüler gar nicht mehr. In diesem Fall hilft eigentlich nur ein Ortswechsel auf eine andere Schule. Und er sollte sich durch gezieltes Training zuvor das notwendige Rüstzeug erwerben, anderswo noch einmal gestärkt zu starten. Aber der Fall kann auch umgekehrt sein:

Der Lehrer hinkt fachlich hinterher, weil er sich etwa nur ungenügend auf den Unterricht vorbereitet. Dann kann allein schon diese Unzulänglichkeit zu Lampenfieber führen, weil er damit rechnen muss, durch Fragen seiner Schüler vorgeführt zu werden. Das ist dann ein Lampenfieber, welches in einer unzureichenden, fachlichen Qualifikation begründet ist. Wenn ein Musiker auf die Bühne geht und von vornherein weiß, er kann den Text nicht komplett – oder ein Schauspieler -, ja da ist doch das Lampenfieber schon vorprogrammiert. Deshalb sollte die fachliche Standfestigkeit immer als persönliches Sicherheitspolster dienen, damit sich der Auftretende nur noch auf äußerliche Dinge seines Auftritts selbst konzentrieren muss wie Gestik, Stimme, Mimik und so weiter.

BERUFSBEDINGTE GRÜNDE

Wir wollen einmal am Beispiel des Berufs eines Musikers verdeutlichen, wie typische Faktoren eines Berufs den Angstgrad beeinflussen und zu Lampenfieber führen können. Die Größe und Wichtigkeit des Publikums spielen eine Rolle. Trete ich in einer Kneipe auf oder in einer Konzerthalle, einem Stadion gar? Hat das Publikum Eintritt bezahlt, oder ist es eine freie Veranstaltung, auf der der Musiker selbst noch für sich werben darf? Oder aber befinde ich mich vielleicht in einem Wettbewerb vor der Endausscheidung? Alles das sind Kriterien für ein leistungsminderndes Lampenfieber. Auch können wichtige Persönlichkeiten und bedeutende Personen anwesend sein, etwa ein Konzertmanager, der ihn unter Vertrag nehmen könnte (was wiederum leistungssteigernd wirken sollte!). Oder Persönlichkeiten des öffentlichen Lebens, die einen für andere Veranstaltungen einladen könnten – bei einem entsprechend guten Auftritt. Hatte der Künstler vorher genügend Gelegenheit zum Proben am gleichen Ort, um sich mit der Umgebung vertraut zu machen, ja heimisch zu werden? Das alles aber steigert die Angst noch oder setzt sie herab. Ein Musiker kann darunter leiden, dass die Technik nicht optimal ist, etwa die mangelnde Beschallung seinen Song wiederhallen lässt, die eigene Musik nicht optimal zur Geltung bringt. Die Lichttechnik kann ihn blenden, so dass er sich auf seiner Gitarre vergreift, sein Publikum ihn nicht mehr klarsieht. Wo soll da das Feedback funktionieren und Beifall aufbrausen?

Das Raumklima spielt eine Rolle: Wenn der Theatersaal voll besetzt ist, die Luft dünner und dünner wird, dann kann der Musiker noch so toll sein, Beifall kommt da nicht auf, eher Hustenanfälle und sonstige Unruhe. Hat jeder Besucher einen Sitzplatz oder stehen sich viele die Beine in den Bauch? Alles das kann zu einem Gelingen oder Scheitern des Auftritts führen – und in der Interaktion zwischen Publikum und dem Künstler Lampenfieber oder die Auftrittsangst noch verstärken. Natürlich ist auch das Alter des Künstlers, der Anziehungsgrad auf ein bestimmtes Publikum, die Bekanntheit, die Erfahrung – und natürlich auch der Konkurrenzdruck unter Musikern ein Gradmesser für Lampenfieber. Wichtig ist auch: Bist Du Solokünstler, oder tritt man als Band auf? Der Alleinunterhalter steht voll und „allein" im Rampenlicht.

Noch eins: Warum gibt's es so genannte Souffleurkästen auf Bühnen? Eben weil man weiß, dass ein Schauspieler auf der Bühne oder ein Sänger schon einmal seinen Text vergessen kann. Solche Kästen auf dem Boden, die in die Tiefe der Bühne reichen, gehen in Richtung Akteure. Soufflieren stammt aus dem Französischen und heißt flüstern. Souffleure oder Souffleusen flüstern also den gesamten Text mit und geben so den Künstlern mögliche vergessene Einsätze oder Übergänge. Da sie Richtung Bühne sprechen, also vom Publikum abgewandt, ist es für die Zuschauer nicht zu hören. Das Soufflieren ist also nichts anderes als ein Hilfsmittel gegen Lampenfieber.

WAS TUN GEGEN LAMPENFIEBER?

Da Lampenfieber eine natürliche Reaktion unseres Körpers ist, kann sie auch zunächst einmal natürlich angegangen werden. Lampenfieber hat ja auch durchaus positive Merkmale, die nicht unbedingt unterdrückt werden müssen. Eine erhöhte Aufgeregtheit spornt uns zu Höchstleistungen an, lässt uns über uns hinauswachsen, kitzelt das ganze Potenzial an Kreativität aus uns heraus. Insofern geht hier mehr darum, die negativen Auswirkungen von Lampenfieber im Zaum zu halten. Einige Grundregeln helfen uns dabei:

Lernen Sie Ihren Auftritt auswendig! Ein Auftritt kommt ja selten spontan. Man weiß im Vorfeld, wann man womit dran ist: in der Schule bei einem Referat, an der Uni beim Vortrag, im Schultheater bei seiner eigenen Rolle, auf der Pressekonferenz, der Bühne oder wo auch immer. Man hat also Zeit, sich gründlich vorzubereiten. Wichtigste Voraussetzung ist, dass man als Sänger sein Lied wie im Schlaf vor und zurück singen kann. Als Schauspieler kennt man seine Sprechrollen, weiß man, wie man sich zu bewegen hat, und wenn es einem der Regisseur bei den Proben sagt. Lernen Sie das, was klar ist, gut auswendig. Dann haben Sie nämlich schon einmal die notwendige Sicherheit. Darüber darf es keine Zweifel geben. Auch auf mögliche Fragen in Pressekonferenzen kann man sich vorbereiten, indem man sich in die Position möglicher Fragender vorher hineinversetzt. Große Aktienkonzerne unterhalten dafür ganze Abteilungen, die in einem wochen- und monatelangen Brainstorming alle möglichen Fragen zusammentragen – und darauf die passenden Antworten schon vorformulieren. Hinter der Bühne sitzen Experten und drucken die Antworten aus, die der Versammlungsleiter dann nur noch vorzulesen hat. Da kann nichts Unvorhergesehenes mehr passieren, auch kein Lampenfieber. Aber selbst, wenn Sie als Fußballtrainer vor oder nach einem Spiel vor den Reportern stehen, können Sie sich vorher schon mögliche offensichtliche Fragen überlegen – und die Antworten darauf. Fachlich müssen Sie also kompetent sein, da darf Sie nichts aus der Bahn werfen.

Das gibt Selbstvertrauen. Wer von seinem Können und Wissen überzeugt ist, der konzentriert sich voll auf seinen Auftritt – zum Beispiel im Bewerbungsgespräch. So schafft man das nötige Selbstvertrauen, um überzeugend zu wirken. Fachwissen, Kompetenz und die dazu gehörige Souveränität sind natürliche Aufbaustoffe gegen Lampenfieber. Dann geht es wirklich nur noch darum, mit den Besonderheiten eines Auftritts wie Scheinwerfer, Blitzlichtgewitter, Publikum, Mikrofon, Lautsprecher und Bühne klar zu kommen. Und ein wenig

Lampenfieber verschafft Kreativität. Man darf sich sozusagen austoben, seinen Fähigkeiten freien Lauf lassen. Wer hier etwas gehemmt ist, sollte mit dem vollen Bewusstsein seines Könnens von sich selbst überzeugt sein. Denn wenn man sich über seine fachlichen Qualitäten keine Sorgen zu machen braucht, kann man alle seine Anstrengungen auf einen möglichst pannenfreien Auftritt konzentrieren.

Man baut damit auch Angst ab. Mit der Sicherheit im Rücken, seinen Text im Schlaf zu können, verliert die Angst ihren bedrohlichen Charakter. Angst wovor eigentlich? Ich weiß, was ich zu sagen oder zu singen habe. Das spule ich einfach ab und blende Publikum, Scheinwerfer und Reaktionen einfach aus. Mein Text ist gut. Alle Betonungen und Lautstärken sitzen. Mein Song ist einfach klasse. Der wird die Zuschauer begeistern. Gestärktes Selbstbewusstsein ist immer gut – man darf auch etwas mehr davon haben. Künstler sind manchmal etwas übertrieben selbstbewusst. Das ist auch gut so. Wären sie nämlich nicht so drauf, würden sie möglicherweise an ihren eigenen Qualitäten zweifeln – und dann käme auch noch das Lampenfieber verstärkt dazu! Das kann schnell zur Katastrophe auf der Bühne führen. Also, lieber etwas mehr als zu wenig. Das ist eine gute Medizin gegen die Angst.

DIE KRAFT POSITIVER GEDANKEN

Positive Gedanken wie „Ich schaffe den Auftritt" – „Ich bin ein guter Darsteller" – „Ich habe kein Lampenfieber" beflügeln einen selbst. Man macht sich selber stark. Die Kraft positiver Gedanken bügelt so manche Schwäche weg. Man kann sich mit positiven Gedanken in seine Träume hineinversetzen. Wenn man eine Traumfrau gewinnen will, stellt man sich gedanklich einfach folgendes vor: Sie sitzt bereits neben einem. Man genießt zusammen das Frühstück, deckt den Tisch für zwei. Man spricht mit seiner Traumfrau, so als wäre sie bereits da. So schafft man sich eine vorgestellte Welt, die aber mit der Kraft positiver Gedanken immer realer wird. Es gibt viele Beispiele von Menschen, die in ihrem Leben etwas verändern wollten: das Rauchen abgewöhnen, Gewicht reduzieren, reich werden, den Traumjob erobern. Meistens haben sie es mit der Kraft positiver Gedanken erreicht. Sie haben einfach fest daran geglaubt. Genauso geht es mit dem Lampenfieber: Ich schaffe den Auftritt. Ich schaue meinem Publikum fest in die Augen und überzeuge mit der Kraft meiner positiven Ausstrahlung. Ich wirke sympathisch. Die Fans lieben mich. Ich bin ein guter Künstler, Lehrer oder Politiker. Ich wirke selbstsicher und bin kreativ. Wer mit solchen positiven Gedanken ans Werk geht, schafft es auch.

Die amerikanische Erfolgsautorin Rhonda Byrne hat mit ihrem Bestseller „The Power" ein Millionenpublikum in ihren Bann gezogen. Ein Beispiel: Wer mehr negative Gefühle zum Beispiel mit Geld verbindet, müsse sich entweder vom Geld abwenden, trennen, oder seine Einstellung zum Geld verändern. Denjenigen darf eine Rechnung nicht mehr aufregen, sondern der müsse sagen: Ja, dem Rechnungssteller schulde ich den Betrag, und ich bezahle das Geld mit Freude. Oder wer ständig Stress mit bestimmten Mitmenschen hat, kann versuchen, diese positiv umzustimmen, indem man freundlich mit ihnen umgeht. Gelingt das nicht, muss man sich in der Endkonsequenz von ihnen trennen, abwenden und aus dem Weg gehen – um nicht in überwiegend negative Gefühle zu verfallen.

Man braucht täglich mindestens 51 Prozent positive Gefühle, um eine bestimmte Sache zu erreichen. Passen Sie also auf Ihren persönlichen Kipppunkt ganz genau auf – täglich! Das bedeutet, man muss jeden Tag Bilanz ziehen und eventuell gegensteuern. Denn die Kraft positiver Gedanken lässt einen schließlich alles erreichen, was man im Leben schaffen möchte – auch das extreme Lampenfieber überwinden.

AUTOSUGGESTION

Die Autosuggestion läuft ähnlich ab und basiert ebenfalls auf positiven Gedanken. Allerdings trainiert man dabei mehr sein Unterbewusstsein, an etwas zu glauben. Man betreibt quasi Selbsthypnose oder wiederholt ständig Selbst-Affirmationen (Lateinisch affirmare: bekräftigen, versichern, beteuern, befestigen). Man kann Autosuggestion auch als eine Form der „selbstinduzierten Gehirnwäsche" ansehen.

Die Wirkung autosuggestiver Gedankenformeln wie „Ich bin selbstsicher und habe kein Lampenfieber" kann durch mentale Visualisierungen des erwünschten Ziels (Auftritt zu Hause vor einem Spiegel) noch erhöht werden. Autosuggestive Erfolge sind umso wahrscheinlicher, je öfter und länger sie angewendet werden.

Praktisch läuft Autosuggestion so ab: Man wiederholt in mentalen Übungen denselben formelhaft umrissenen Gedanken (Ich bin selbstsicher und habe absolut kein Lampenfieber) über längere Zeit, bis er zum festen Bestandteil unbewusster Denkprozesse geworden ist. Man macht das praktischerweise oft in Kombination mit

Entspannungstechniken wie zum Beispiel der progressiven Muskelentspannung nach Jacobson oder dem autogenen Training. Dieser Gedanke verwandelt sich dann mit der Zeit in Überzeugungen oder Tatsachen. Ein solcher Prozess kann sowohl absichtlich wie auch unbeabsichtigt erfolgen, wenn auch Autosuggestion eigentlich die bewusste Anwendung bedeutet. Typische Wege, seinen eigenen Geist durch Autosuggestion aktiv zu beeinflussen, sind:

1. Sich die Auswirkungen seiner Überzeugungen bildlich vorzustellen
2. Sie ständig verbal zu bekräftigen
3. Oder sie mental permanent zu wiederzuholen und sich dadurch zu vergegenwärtigen – etwa in Form eines inneren Sprechgesangs (Ich habe kein Lampenfieber. Mir geht es gut. Ich bin auf der Bühne perfekt und selbstsicher...).

Autosuggestion hat übrigens der französische Apotheker Emile Coué im Ersten Weltkrieg entdeckt, als er seinen verwundeten Soldaten Medikamente verabreichte. Ihre Wirkung wurde dadurch beeinflusst, mit welchen Worten er sie ihnen gab: „Mit diesem Medikament werden Sie sicher ganz schnell gesund!" Die Arznei wirkte so sehr viel besser als wenn er gar nichts sagte. Und er sagte seinen Patienten auch: „Ich habe keine Heilkraft, nur

Sie selbst!" Aus diesen Suggestionen heraus aktivierte Coué dann die Selbstheilungskräfte und schuf das Prinzip der Autosuggestion, die jeder Mensch mit sich selbst üben kann. Eine einfache Übung bringt große Erfolge: Nach dem Erwachen und vor dem Schlafen soll man sich demnach etwa zwanzigmal halblaut den Satz sagen, um ihn über den Gehörsinn im Unterbewusstsein zu verankern (und das lebenslang täglich für einen anhaltenden Erfolg!): „Es geht mir mit jedem Tag und in jeder Hinsicht immer besser und besser!"

Wichtig sei, die Lippen den Satz laut genug formen zu lassen, damit er über die Ohren wieder zurückwirken kann. Er empfahl dafür auch eine Knotenschnur oder etwas Ähnliches zum Abzählen. Der Satz solle möglichst kindlich und unangestrengt gesprochen werden, langsam und monoton wie eine Litanei oder ein Mantra. Man soll seinen Willen dabei nicht zu sehr bemühen. Er hatte auch einen guten Rat bei akuten körperlichen und seelischen Schmerzen oder Beschwerden: Hand auf die betroffene Stelle oder die Stirn auflegen und möglichst schnell den Satz „Es geht vorbei. Es geht vorbei. Es geht vorbei …" wiederholen. Er war sich sicher, dass bei regelmäßiger Anwendung die Symptome immer seltener auftreten, bis sie schließlich ganz abklingen würden.

Natürlich war zu seiner Zeit seine neue Methode zunächst angefeindet und umstritten. Er hat aber als erster überhaupt das Primat der Vorstellungskraft über den Willen durchschaut und erkannt, nämlich dass bei fast allen Leiden die psychische Komponente die somatische überlagert und nach Ausheilung der psychischen Erkrankung oft weiterbesteht. Alle Lebensvorgänge würden vom Unterbewusstsein gesteuert. Deshalb lässt sich durch bewusste Autosuggestion die Wirkung des Unterbewusstseins hin zur Heilung beeinflussen. Er sagte es so: „Jede Vorstellung, die sich genügend stark eingeprägt hat, strebt danach, sich zu verwirklichen und verwirklicht sich, soweit ihr keine Naturgesetze entgegenstehen."

Anwendungsgebiete der Autosuggestion sind zum Beispiel das autogene Training, das mentale Training und das positive Denken. Autosuggestion ist auch Bestandteil esoterischer und okkulter Techniken.

ENTSPANNEN SIE SICH!

Vor jedem Auftritt, ob auf der Bühne, im Bewerbungsgespräch oder vor der Klasse, sollte man sich gut entspannen. Es gibt Krankenhausärzte im 24-Stunden-Dienst, die es schaffen, sich in 15 oder 30 Minuten wieder fit zu machen und hoch konzentriert in die nächste OP gehen können. Es gibt bestimmte Entspannungstechniken, mit denen man in wenigen Minuten seinen Körper wieder erholen kann, die einen mehrstündigen Schlaf ersetzen. Und so kann man auch völlig entspannt auf die Bühne gehen, das Bewerbungsgespräch bestreiten kann oder für Vorträge und Pressekonferenzen fit ist. Die Jacobson-Methode zum Beispiel wird auch progressive Muskelentspannung genannt. Und genauso funktioniert sie auch. Man spannt bewusst Muskeln für wenige Sekunden an und entspannt sie dann wieder. Das Prinzip beruht auf An- und Entspannung. Beispiel: Man spannt kräftig die Hand zur Faust, hält diese Anspannung und lässt wieder los, entspannt so und fühlt den Energiestrom im Körper. Ähnlich macht man es mit anderen Körperteilen – in der Regel geordnet vom Kopf zu den Füßen. So kraust man beispielsweise die Stirn, zieht Falten und lässt wieder los. Man spannt den Mund und zieht die Mundwinkel Richtung Ohren, lässt wieder ganz los und spürt die Entspannung – bis hin zu: Man drückt die Füße kräftig in den Boden, hält diese feste Anspannung und entspannt dann wieder. Mit dieser Technik erreicht man zumindest, dass man ohne Muskelverspannung auf die Bühne tritt und einen insgesamt gelockerten Auftritt hinlegen kann. Dann macht Lampenfieber auch nicht mehr so viel aus.

Ähnliche Verfahren sind Übungen im autogenen Training oder bestimmte Yoga-Einheiten. Man kann meditieren oder sich in Kurz-Trance bringen. Autogenes Training zum Beispiel hat einen hohen Erholungswert und lässt den Körper vor allem im Stress schnell regenerieren. Kurz vor dem Auftritt kann man sich entspannen und vor allem den Kopf freimachen – konzentrieren auf das eine Ding, nämlich nur den Auftritt. Viele Künstler, Manager und insgesamt im Rampenlicht Stehende bedienen sich dieser Techniken. Sie sind quasi cool, und Lampenfieber bringt sie nicht aus der Ruhe. Im Gegenteil: Sie nutzen es als kreatives Element und werden dadurch nur noch besser. Lampenfieber holt Höchstleistungen aus ihnen heraus, mit ihm fühlen sie sich in ihrem Element.

Künstler brauchen ja diesen Adrenalin-Kick, um zu ihrer Höchstform zu kommen. Sie wundern sich manchmal selbst, was sie da nun wieder hingezaubert haben. Betrachten wir doch nur mal Popmusiker wie zum Beispiel den verstorbenen Michael Jackson: In manchen Rollen und choreografischen Figuren auf der Bühne hat er sein Publikum nicht mehr gesehen. Er war eins mit seiner Rolle und lebte sie. Sonst wären geniale Figuren wie sein legendärer Moonwalk nicht möglich gewesen. Er lief diesen Schritt wie in Trance – ohne erkennbares Lampenfieber. Und wer Michael Jackson kannte, wusste, dass dieser King of Pop wahnsinnig unter Lampenfieber gelitten hatte. Aber die Bühne war letztendlich sein Zuhause. Und er wird sich mit entsprechenden Techniken darauf ideal eingestellt haben.

Praktische Übung: Setzen Sie sich auf einen Stuhl mit Armlehnen. Lassen Sie nun Ihren linken Arm über die seitliche Lehne ganz weit nach unten baumeln. Sie klopfen ihn dabei mehrmals aus. Das Blut strömt nun in die Fingerspitzen. Ihre Hand beginnt zu kribbeln. Sie konzentrieren sich jetzt nur auf Ihre Hand. Sie atmen dabei langsam und gleichmäßig weiter. Sie erreichen damit, dass durch die Konzentration auf ein anderes Thema damit auch eine Ablenkung auf einen anderen Punkt Ihres Körpers erreicht wird. Damit beruhigen Sie Ihr Lampenfieber. Über den Atem stellen sie zudem eine tiefe Entspannung her.

ATMEN SIE MAL DURCH

Auch das richtige Atmen hilft schon viel. Wer dafür entsprechende Techniken parat hat, lässt vor dem Auftritt erst mal Luft ab. Falsches Atmen beeinträchtigt Psyche und Gesundheit. 80 Prozent der Menschen atmen falsch! Wer nur in die Brust atmet, bringt zu wenig Sauerstoff in den Körper. Das wiederum lässt unseren Atem dann zu schnell und unruhig werden. Der Atem hat automatisch eine höhere Frequenz, die nicht nötig ist. Außerdem atmen bei körperlicher Anstrengung und Stress (zum Beispiel Lampenfieber) viele nur durch den Mund ein statt durch die Nase. Atmung durch die Nase aber reinigt die Luft genügend, wärmt sie und sättigt sie mit der notwendigen Feuchtigkeit an. Unsere Gesundheit hängt aber auch von der Qualität der Luft ab, die wir einatmen – und wie wir sie einatmen, nämlich welche Technik wir dafür anwenden. Atmen Sie langsam oder schnell, oberflächlich oder tief, ruhig oder unruhig, regelmäßig oder unregelmäßig? Bei richtiger Atemtechnik verbessert sich auch die Gesundheit insgesamt, im Einzelnen: die Konzentrationsfähigkeit, die körperliche Stärke, die emotionale Stabilität und die Psyche, das Herz und der Kreislauf, ja sogar die Libido, Potenz und die Fähigkeit zum Orgasmus.

Atmung hat die wesentliche Aufgabe, Sauerstoff in unseren Körper zu pumpen. Wir brauchen mehr Energie, wenn wir zum Beispiel Stress haben, also vor der Entscheidung stehen, zu fliehen oder zu kämpfen, und wenn wir Angst haben. Beobachten Sie mal einen Leistungssportler, was der vor einer Reckübung macht: Der atmet erst mal tief durch und in den Bauch hinein, bevor er ansetzt. Dann hat er nämlich die ausreichende Energie, um Höchstleistung zu bringen. Genauso sollte ein Künstler erst tief durchatmen, bevor er auf die Bühne tritt, denn sonst ist er gleich kurzatmig, schnappt nach Luft und verhaspelt sich. Eins kommt zum anderen, und das Lampenfieber ergreift voll Besitz von ihm.

Wie ist das Atmen nun vollkommen? Dazu muss man sich vor Augen führen, dass der Atmungsprozess drei Teile hat: Einatmen, Anhalten und Ausatmen. Atmen Sie grundsätzlich nie erzwungen ein. Von unten nach oben sollten Sie Ihren Körper mit Sauerstoff anfüllen – langsam und ohne große Anstrengung. Dabei bringen Sie zuerst mit dem Zwerchfell die Luft in den Bauch. Man weiß, dass das Zwerchfell zwei Drittel der Luft in unseren Körper bringt. Dann füllen Sie mit der Brust den Körper bis nach oben voll mit Luft. Die größte Wirkung bei der Atmung erzielen Sie durch das Anhalten der Luft. Denn dabei hat die Luft in der Lunge Zeit, den

Sauerstoff an den Körper abzugeben. Das Anhalten der Luft belebt nämlich den ganzen Körper. Das Ausatmen machen Sie nun in umgekehrter Reihenfolge: zuerst aus der Brust, dann aus dem Bauch. Dazu ziehen Sie den Bauch mit Hilfe des Zwerchfells ein. Versuchen Sie diese drei Teile der Atmung mit der Zeit ineinander übergehen zu lassen. Was zunächst etwas ungewohnt erscheint, kann aber antrainiert werden. Wenn man aber weiß, dass die richtige Atemtechnik der erste Schritt zur Befreiung von Angst, Stress und Sorgen ist, tut man es doch gerne. So wird man nämlich auch mit dem Lampenfieber fertig. Vor allem Menschen, die Yoga regelmäßig praktizieren, machen viele Übungen mit Atemtechniken. Die Harmonisierung des Atmens ist nun der erste Schritt für weitere Atemübungen.

Heilender Atem: Dies ist eine sehr wirkungsvolle und einfach zu praktizierende Übung. Ziel ist es, die drei Phasen des Atmens bewusst im zeitlichen Ablauf zu verändern. Das Verhältnis von Einatmen, Anhalten und Ausatmen ist jetzt 1 – 4 – 2. Die Länge des Einatmens bestimmt dabei die danach folgenden Phasen. Beispiel: Sie atmen zwei Sekunden lang ein, müssen dann acht Sekunden lang den Atem anhalten und nehmen sich vier Sekunden Zeit für das Ausatmen. Aber Vorsicht: Gefühlte acht Sekunden können ganz schön lange sein.

Man kann das Einatmen verlängern, muss aber die danach folgenden Phasen dann entsprechend anpassen. Sinn des so genannten heilenden Atmens ist es, den Prozess oder die Frequenz der Atmung insgesamt zu verlängern. Das entspannt. Man stelle sich das als Übung vor einem Auftritt einmal konkret vor. Sie brauchen ja nur ein paar Minuten – und gehen dann ganz entspannt auf die Bühne.

TRÄUMEN SIE DOCH EINFACH MAL

Viele Künstler dopen sich mit Träumen: Sie träumen davon, ein Millionen-Publikum jubelt ihnen an den Bildschirmen zu. Oder sie erleben im Traum auf der Bühne, wie der Beifall ihnen entgegenbrandet, ja Standing Ovation. Der Beifall ist bekanntlich das Brot der Künstler. Stellen Sie sich in Ihren kühnsten Träumen einfach vor, sie hätten einen grandiosen Vortrag gehalten, ein perfektes Bewerbungsgespräch absolviert oder Ihre Schüler und Studenten begeistert unterrichtet. Träume beflügeln. Manche Menschen legen sich ins Bett mit der festen Absicht, jetzt über einen Traum einzuschlafen: etwa eine Million im Lotto zu gewinnen, an einem Traumstrand zu liegen oder die schönste Frau der Welt in den Armen zu halten.

Wenn Sie also im Traum schon einmal den Beifall Ihres Publikums erlebt haben, dann befreit Sie die imaginäre Vorstellungskraft im Moment Ihres realen Auftritts. Unsicherheiten sind weg, und Sie werden perfekter im Umgang mit Ihrer Bühnenangst. Vor allem überspielen Sie so kleine Unsicherheiten oder Versprecher – weil Sie nämlich insgesamt sicher wirken. Mit den Träumen zuvor, den so genannten Visualisierungsübungen, bieten Sie Ihrem

Unterbewusstsein nämlich einen geistig bereits er-
reichten Endzustand an. Ihr Unterbewusstsein
kann nämlich nicht zwischen Vorstellung und Rea-
lität unterscheiden. Es steuert dann das Körperbe-
wusstsein auf den erstrebten Endzustand hin, Ihr
Unterbewusstsein steuert Sie quasi wie mit einem
Autopiloten zum perfekten Auftritt hin.

ALEXANDER HILFT!

Es gab einen australischen Schauspieler und Shake-speare-Darsteller, der immer wieder während seiner Aufführungen durch starke Angstattacken seine Stimme verlor: Frederick Matthias Alexander (1869 bis 1955). Das war für seine Karriere eine reale Bedrohung. Er stellte sich also vor einen großen Spiegel und rezitierte seine Texte. Dabei stellte er fest, dass allein schon der Gedanke an das Vortragen seiner Passagen die Nackenmuskeln anspannte und so eine flache Atmung verursachte. Seine Haltung war nämlich nach vorne gebeugt. So entwickelte er die „Alexander-Technik".

Diese Technik wird heute noch an großen Schauspiel- und Musikschulen angewandt. Sie basiert auf der Überzeugung, dass alle seelischen, geistigen und körperlichen Prozesse in dem Organismus Mensch untrennbar miteinander verbunden sind. Daraus resultierend verbindet er in seiner Methode mentale mit körperlichen Übungen. Er geht von der Annahme aus, dass alte gewohnte körperliche Verhaltensmuster gehemmt und durch neue bessere Reaktionsmuster ersetzt werden können. Der so genannte „Alexander-Lehrer" kennt bessere Verhaltensmöglichkeiten und kann sie seinen Schülern vermitteln.

Idealtypisch ist eine möglichst aufrechte Haltung bei größtmöglicher Gelöstheit. Die Bewegung ist idealerweise am wirksamsten bei möglichst geringer Anstrengung. Der Unterricht erfolgt quasi im Schneckentempo, im meditativen Tempo. Die Schüler sollen nämlich auch bei kleinsten Haltungs- und Bewegungsunterschieden diese bewusst erfahren können. Der Lehrer gibt Handlungsanweisungen, etwa: „Lass den Kopf nach vorn und nach oben streben, so dass der Rücken länger und breiter wird." Den Unterricht begleiten auch sanfte manuelle Korrekturen. Man erlernt die Methode in der Regel in rund 30 Sitzungen zu bis zu 50 Minuten. Man kann sowohl Einzel- wie auch Gruppenunterricht geben.

ÜBEN SIE VOR DEM SPIEGEL

Ein durchaus nützliches Training ist es, seinen eigenen Auftritt vor einem Spiegel zu üben und sich dabei selbst anzuschauen. Heutzutage hat man natürlich technisch feinere Methoden wie die **Videokamera**. Sie bietet den Vorteil, dass man bestimmte Sequenzen vor- und zurückspulen, also wiederholen kann.

Aber diese Art hat auch einen Nachteil: Viele Menschen, die sich selbst als nicht photogen betrachten, wirken auf andere durchaus visuell gelungen. Insofern ist eine andere Methode noch effektiver: Proben Sie Ihren Auftritt vor Freunden oder Bekannten. Die eigene Familie ist hier weniger geeignet, weil oft befangen. Sie brauchen einen außenstehenden Dritten, der Ihren Auftritt wie jeder andere im Konzertsaal oder vor Publikum sieht. Das ist ein sehr probates Mittel, sein Lampenfieber abzubauen und mit den spezifischen Nuancen seiner eigenen Präsentation umzugehen.

Im Training erkennt man leichter negative Dinge und kann sie abändern: in der Sprache, im Gesang, in der Bewegung, im Outfit, in der Gestik, im Blickkontakt und im Vortrag selbst. Sie brauchen konstruktive, ja schonungslose, aber auch kompetente Kritiker, die Sie zur Bestleistung bringen. Wichtig ist vor allem, dass daraus ein akzeptables Gesamtpaket entsteht. Und man muss immer dabei bedenken, dass ein fachlich brillanter Vortrag auch eine gewisse Choreographie braucht. Mit Choreographie ist hier gemeint: Bewegung vor Publikum, Action also, Gestik, Sprache, Lautstärke, Licht, Schall und so weiter: Eine Casting-Juri würde sagen: „Dein Gesang war super klasse, aber mit Deinem Auftritt kannst Du nicht mal meine Oma hinterm Ofen vorlocken. Zieh Dir andere Klamotten an!"

TRAINIEREN, TRAINIEREN UND NOCHMALS TRAINIEREN!

Man kann trainieren, mit Lampenfieber umzugehen. Die Hände dürfen ruhig schweißnass werden. Das sieht niemand, es sei denn, Sie geben nach einer erfolgreichen Pressekonferenz jedem noch persönlich die Hand. Wie schon das oben erwähnte Training vor dem Spiegel. Wer mehr von Lampenfieber betroffen ist, muss auch mehr trainieren. Zunächst einmal gilt es, fachlich gut drauf zu sein und seinen Text oder seinen Background sicher zu beherrschen. Dann geht es an die Äußerlichkeiten. Trainieren Sie zunächst für sich allein. Probieren Sie verschiedene Outfits an.

Welche Kleidung lässt Sie äußerst vorteilhaft erscheinen, welche Krawatte passt zu welchem Anzug? Wie ist Ihr Haarschnitt am besten? Nun geht´s an Sprache, Gestik, Blickkontakt. Setzen Sie all Ihren Charme ein. In einem Trainingsseminar war eine Gruppe damit beauftragt, ihre fiktive Firma zu präsentieren. Am Ende stand die Frage: Wer macht es, wer geht also in die Bütt? Und alle Gruppenmitglieder kamen auf einen Kandidaten, dem Sie plötzlich attestierten: Du arbeitest am besten mit Blickkontakt. Deine Augen haben einen so sympathischen Ausdruck. Du nimmst förmlich die Leute damit ein. Du kannst mit Deinen Händen gestikulieren und bist einfach am sichersten. Der so Gelobte hatte das von sich selbst noch nie gehört und war mächtig stolz, dass er solche Eigenschaften besaß und eine solche Wirkung auf Publikum hatte. Für ihn war das wie die Neugeburt seines Selbstvertrauens und stärkte sein Ego gewaltig. Er sah sich von nun an als geborener Präsentator. Auch das kann bei der Betrachtung durch andere herauskommen. Deshalb sind Proben vor dem eigentlichen Auftritt so wichtig. Anders herum können aber auch negative Eigenschaften, die man bisher bei sich selbst nicht sah, erkannt werden. Jemand weicht Blicken zum Beispiel aus und kann anderen nicht in die Augen sehen. Ein anderer steckt lässig seine Hand in die Hosentasche. Man baut in jeden Satz mindestens ein „Eh" ein. Es gibt viele schlechte

Angewohnheiten. Aber wichtig beim Spiegeltraining ist, dass man sein Lampenfieber beseitigt. Der Spiegel zeigt einem, mit sich selber umzugehen, zu sich selbst erst einmal zu stehen, sich selbst kennenzulernen. Das ist wie mit der eigenen Stimme, die man auf den Anrufbeantworter spricht und hört. Sie ist uns meist ungewohnt und merkwürdig. Stehen Sie dazu, wie Sie sind. Das ist die erste Voraussetzung, um mit Lampenfieber gut umzugehen.

PERSONAL-TRAINER GEGEN LAMPENFIEBER

Wer es ganz eilig hat und berufsbedingt sich schon gar kein Lampenfieber leisten kann, der nimmt einen so genannten Personal Trainer. Man nennt das auch Coaching (englisch Coach = Trainer). Manager beispielsweise, die in Spitzenpositionen aufrücken sollen, bekommen einen solchen Crashkurs. Sie werden in Windeseile für die Kamera fit gemacht. Und das funktioniert so:

Der Trainer nimmt die Position des investigativ fragenden Journalisten ein und drängt den künftigen Manager mehr und mehr in die Ecke. Wie kommt man aus kniffligen Situationen heraus? Wie reagiert man schlagfertig? Wie lenkt man ab und zu anderen Themen über, in denen man zuhause ist? Wie gewinnt man Sicherheit vor der Kamera – vor allem: Wie bewegt man sich geschickt vor dem Mikrofon? Das alles und viel mehr wird schnell und hart trainiert. Ähnliche Übungen gibt es an Schauspielschulen und in Gesangsausbildungen. Es ist nichts anderes als die Konfrontation mit dem Stressor. Je häufiger und intensiver man mit dem Stress auslösenden Moment – hier auch dem Lampenfieber auslösenden Moment – konfrontiert wird, umso besser lernt man auch damit umzugehen.

Man wird sensibilisiert, erfahren und stressresistent. Genauso werden Politiker trainiert, in Podiumsdiskussionen mit dem politischen Kontrahenten zu bestehen. Je mehr man sich selbst bewusst in solche Situationen hineinwagt, lernt man auch, damit immer besser umzugehen.

Wenn Schüler oder Studenten immer vor Auftritten kneifen, werden sie unsicher bleiben. Hier ist ein gutes Training, sich zu melden und vor Publikum zu reden, auch wenn es mal nicht so perfekt ist. Aber durch das ständige Hineingehen in solche Lampenfieber auslösenden Momente konfrontiert sich der Betroffene selbst mit der vermeintlichen Angst und lernt sie am Ende zu beherrschen. Denn als Schüler kann man sich keinen eigenen Personal Trainer leisten. Er ist auf sich allein gestellt, sozusagen sein eigener Trainer. Man muss es wagen. Andernfalls kommt man aus dem Lampenfieber nie heraus.

Ein so genanntes **Coaching** kann aber auch alte **Ängste aufbrechen** und lösen, etwa wenn man in der Kindheit häufig mundtot gemacht wurde – von Eltern, Erziehern, Lehrern. Man arbeitet in solchen Fällen gern mit inneren Bildern, der Imagination. Man geht auf imaginäre Reisen zurück in eigentlich

längst vergessene Zeiten. Der anleitende Therapeut gibt dem Patienten Zeit, sich in innere Bilder
zu vertiefen – zum Beispiel das kleine Kind auf der
Wiese, hilflos, nicht zu Wort kommend. Man ver-
weilt dann eine Zeit in dieser Imagination, schaut,
was hochkommt, passiert, und der Therapeut fragt
danach: Was ist passiert, was haben Sie gesehen,
was will das Kind sagen, wie geht es ihm jetzt? So
kommt man möglicherweise zur Ursache. Vielleicht
ist es die Angst vor einer Blamage oder dem Versagen (in der Schule). Daraus entwickelt man dann
Lösungsansätze zum Umgang mit Lampenfieber.
Denn es sind häufig irrationale Ängste. Man weiß
eigentlich gar nicht so recht, wovor man Angst hat.
Innere Bilder helfen dabei, an den Kern zu kommen.

Jemand hatte in der Therapie immer Angst vor Aufzügen und davor, wieder nach Hause zurückzugehen. Seine Aufgaben gegen Ende der Therapie, Wochenenden wieder zu Hause zu verbringen, brach er auf halbem Weg ab, kehrte um. Bei den inneren Bildern begegnete ihm immer ein gewaltiger Adler, der ihn mitnahm, wegholte vom Hügel. Er hatte Berührungsängste, obwohl er eigentlich Kontakt suchte, fand kaum zum anderen Geschlecht. Obwohl er sehr behütet aufgewachsen war, stellte sich im Laufe der Therapie heraus, dass für ihn immer alles geplant, vorbereitet, gemacht war. Er hatte eigentlich keinen eigenen Freiraum, Spielraum, ja keine eigene Entscheidungsfreiheit, bis er sich nicht mehr nach Hause traute. Über die Teilnahme an einen Tanzkurs fand er wieder zurück ins Leben, zu Selbstvertrauen, zum Aufzugfahren, ja zu einem selbstbestimmten Leben. Mentales Training half ihm dabei.

Zwei Übungen zum Mentaltraining:

Übung 1: Sie stellen sich einfach vor, dass Sie bereits vor Ihrem Publikum stehen. Sie reden frei, professionell und völlig unbeschwert, wie Sie es eigentlich immer am liebsten machen möchten. Sie sehen genau diese Situation vor Ihrem inneren Auge so deutlich wie einen Spielfilm, der gerade vor Ihnen in hellen Farben und mit Ton auf der Leinwand abläuft. Haben Sie sehr große Angst bei dieser Vorstellung, dann sollten Sie die Situation

noch nicht durch Ihre eigenen Augen wahrneh-
men. Lassen Sie die Situation von außen durch einen Zuschauer betrachten. Sie beobachten sich
quasi selbst durch die Augen des Zuschauers, wie
Sie eine erfolgreiche Rede halten oder einen Schla-
ger perfekt vortragen. Fühlen Sie sich mit der Vorstellung dann schon ein wenig vertrauter, dann
können Sie mehr und mehr in die Rolle des Redners
gehen. Stellen Sie sich diese Situation immer wieder vor. Ein solches wiederholtes Mentaltraining ist
nämlich sehr wirksam.

Übung 2: Jetzt stellen Sie sich die für Sie am meisten beängstigende Situation in einer öffentlichen
Rede vor. Lassen Sie sich ruhig auch auf Ihre Angst
voll ein. Stellen Sie sich jetzt vor, wie den Zuschau-
ern in Ihrem Publikum riesige Elefantenohren
wachsen und alle eine rote Pappnase aufhaben.
Stellen Sie sich vor, Sie machen die anderen vor Ihrem geistigen Auge alle winzig klein wie Läuse oder
pusten sie alle auf wie witzige Luftballons.

Verändern Sie die Situation nach Belieben so, dass
sie für Sie persönlich sehr komisch wirkt. Denn so
können Sie auch die Gefühle, die Sie mit der Situation verbinden, verändern. Denken Sie kreativ weiter nach und überlegen Sie sich, was Sie sonst noch
lustig fänden und malen Sie sich genau das aus.

Verändern Sie vielleicht auch die Geschwindigkeit: Lassen Sie alle Leute in Zeitlupe laufen. Geben Sie dem Ganzen eine lustige Musik dazu. Tun Sie einfach, wonach Ihnen ist, woran Sie Spaß haben und empfinden Sie dann die Erleichterung in sich. Vielleicht können Sie sich sogar selbst lächeln sehen. Ja vielleicht ist es Ihnen möglich, einmal richtig herzhaft zu lachen. Diese Übung mehrfach wiederholt kann Ihre innere Einstellung zu der zuvor beängstigenden Situation nachhaltig verändern.

SELBSTHILFE IST EIN GUTER WEG

Natürlich kann bei der Überwindung von Lampenfieber auch eine Selbsthilfegruppe nützlich sein.
Setzen Sie auf die Erfahrungen anderer Betroffe-
ner. Das kann für Sie sehr hilfreich sein!

Man hat so viel schon probiert, und doch keine Lösung gefunden. Dann hört man sich einmal an, was
denn vergleichbar Betroffene in ähnlichen Situationen gemacht haben. Aber es geht nicht immer um
Lösungen. Gleiches Leid stärkt erst einmal. Man
fühlt sich in einer Clique quasi wie die Skatspieler.
Es vereint die Liebe zum Spiel – oder eben die gleiche Betroffenheit. Ja man darf sich in solchen
Gruppen auch ruhig mal auskotzen und selbst be-
mitleiden. Das ist gut so. Aber dann sollte eine
Selbsthilfegruppe auch von einem erfahrenen
Therapeuten angeschoben werden – hin zur
Selbst-HILFE.

Meistens stehen dabei Erfahrungsberichte im Vor-
dergrund. Wie ist es Dir ergangen? Was hast Du in
der Situation gemacht? Was hat Dir geholfen? Wo
bist Du hingegangen? Welcher Rat war hilfreich?
Da kommen nämlich viele Meinungen und Lösungsansätze zusammen, auf die man selbst noch

nicht gestoßen ist. Bei der Überwindung von Lampenfieber muss das Rad der Behandlung nicht immer neu erfunden werden. Man darf ruhig auf alte Rezepte und Erfahrungen anderer zurückgreifen. Solche Gruppen sind die idealen Ideengeber. Insofern sind Selbsthilfegruppen begleitend nützlich. Selbsthilfegruppen findet man übers Internet, örtliche Gelbe Seiten, Beratungsstellen oder über den eigenen Psychotherapeuten.

PSYCHOTHERAPIE GEGEN LAMPENFIEBER?

Eine richtige psychologische Therapie gegen Lampenfieber kann dann angesagt sein, wenn diese spezielle Angst das eigene vor allem berufliche Leben massiv behindert. Wer von Berufs wegen repräsentieren, präsentieren, vortragen oder singen muss, das aber durch übertriebenes Lampenfieber nicht mehr hinbekommt, braucht professionelle Hilfe.

Andernfalls wäre Lampenfieber eine existenzielle Bedrohung. Es gibt Psychologen, die speziell dieses Gebiet bearbeiten. Einen solchen Fachmann sollte man dann nach Absprache mit seinem Arzt (Nervenarzt) aufsuchen. Der wird zunächst die Ursache des Lampenfiebers ergründen – vielleicht wie oben beschrieben mit inneren Bildern, der Imagination, oder anderen therapeutischen Techniken. Letztendlich wird es auch auf eine Konfrontationsmethode hinauslaufen: Der Patient muss sich mit seinem Lampenfieber auseinandersetzen. Er wird gezielt in Lampenfieber-Situationen hineingesteuert, behutsam und immer mit der Möglichkeit des Abbruchs einer Konfrontation. Die muss auf jeden Fall anfangs fachlich begleitet werden. Man kann keinen extremen Lampenfieber-Kandidaten allein in die Konfrontation schicken. Eine wichtige Etappe ist erreicht, wenn man den Auslöser des Lampenfiebers kennt. Das kann Angst vor Autoritäten sein, auch eine soziale Phobie - generell die Angst, von anderen schlecht bewertet zu werden, oder etwas anderes. Dann wird das Feld gezielt beackert. Der Patient kann kleine Aufgaben bekommen, etwa sich in der Gruppe zu Wort zu melden. Wenn er Gitarre spielt, einen musikalischen Abend mitzugestalten. Spielt er Schach, organisiert er ein Turnier. Mit kleinen Aufgaben überwindet man Zug um Zug den großen bedrohlichen Feind Lampenfieber.

Eine gute Übung raus aus der Auftrittsangst ist es auch, sich zunächst als Laiendarsteller auf Freizeitbühnen zu begeben. So üben Sie vor fast unverfänglichem und überschaubarem Publikum. Spielen Sie in der Vereinsgruppe oder im Gemeindetheater mit und stärken so Ihre Sicherheit.

WAS HALTEN SIE VON EINEM KALTSTART?

Kaltstart bedeutet hier nichts anderes, als sich spontan einer Situation zu stellen: unvorbereitet, schlagfertig und spontan. Das sind gute Übungen, um die Reaktionsschnelligkeit zu trainieren. Auf der Bühne bei Lampenfieber muss man auch blitzschnell reagieren. Man kann nicht mit zugeklebtem Mund sekundenlang nichts sagen. Oder stellen Sie sich einen Aussetzer mitten in einem Song vor? Das geht schon mal gar nicht.

Also sind es beliebte Übungen, Menschen, die sich und andere präsentieren müssen, kalt starten zu lassen. Ein Beispiel wäre: Man geht mit jemandem durch eine ganz normale Tür und dahinter ist plötzlich sein Saal mit 500 Gästen. Die Scheinwerfer sind auf einen gerichtet und man bekommt ein Mikrofon in die Hand. Vor allem steht man alleine dort. Was nun? Fliehen oder kämpfen? Die Tür wird auch noch verschlossen – Flucht zwecklos. Also ein solcher Kaltstart ist schon krass, aber durchaus zum Üben gegen Lampenfieber geeignet. Man muss ja nicht gleich die große Bühne wählen. Auch der kleine Familienkreis tut´s. Personal-Trainer und Schauspielschulen haben das auch in ihrem Programm. Üben Sie Reaktion und Schlagfertigkeit, dann kennen Sie Ihre Antworten auf Lampenfieber.

Denken Sie nur einmal an die vielen Juristen, die als Anwälte oder Staatsanwälte ständig überzeugende Plädoyers vor Gericht halten müssen. Wenn da Lampenfieber herrschen würde, könnte wohl selten ein Prozess gut verlaufen. Und der Schauspieler, bei dem ein Regisseur ständig Szenen zwanzigmal wiederholen muss, wird wohl selten noch gebucht. Professionalität im Auftritt wird eben von manchen Berufsgruppen als Bestandteil des Berufsbildes erwartet.

KÖNNEN MEDIKAMENTE HELFEN?

Gibt es vielleicht sogar Medikamente, die gegen Lampenfieber helfen können? Man kennt es von Managern oder Spitzenpolitikern, die zum Beispiel Angst vor dem Fliegen haben, aber beruflich viel in der Luft sind. Sie nehmen oft kurz vor dem Start eine Angst hemmende Pille und steigen dann in den Jet. Es gibt mehr oder weniger starke Beruhigungsmittel, die einem vor Auftritten oder Lampenfieber auslösenden Momenten die nötige LMA-Stimmung (Leck mich am Arsch-Haltung) geben. Aber Vorsicht: Sie sollen ja auf der Bühne nicht als Schlaftablette wirken, sondern schon eine gewisse Spritzigkeit haben.

In jedem Fall nie ohne Arzt! Nur der kann Ihnen das richtige Medikament verschreiben. Grundsätzlich gibt es verschiedene Mittel: Beruhigungspillen wie Valium, Antidepressiva, Angst Hemmer wie „Tavor" und andere. Sie werden vor allem im Rahmen von Psychotherapien und speziell Angsttherapien eingesetzt. Man muss grundsätzlich wissen, dass es heute gute Medikamente gibt, die schnell die Angst nehmen. Aber einige davon machen auch schnell abhängig und dürfen normalerweise nicht länger als sechs Wochen eingenommen werden. Aber gerade Pillen, die die Symptome von Angst erfolgreich und relativ schnell nehmen, lassen schnell in ihrer Wirkung nach, wenn sie wieder abgesetzt werden. Die Symptome kehren also schnell wieder zurück. Deshalb müssen Antidepressiva (die nicht abhängig machen) zum Beispiel oft jahrelang genommen werden, um die Symptome so lange zu unterdrücken, bis durch eine erfolgreiche Therapie Angst oder Depressionen behandelt sind. Grundsätzlich sollten deshalb Beruhigungsmittel oder die Angst hemmende Präparate bei Lampenfieber nur sehr selektiv genommen werden, also vor einem wichtigen Auftritt oder einer schwierigen Verhandlung, einem Bewerbungsgespräch oder einer Präsentation. Das zeigt dann aber auch schon Folgendes: Wer täglich seinen Auftritt hat – etwa vor Schülern oder seinem Chef – sollte sich einen anderen Weg als den chemischen suchen.

PFLANZLICHE BERUHIGUNG

Man kann sich rein pflanzlich auf ein bestimmtes cooles Level bringen, etwa durch das regelmäßige Trinken von Baldriantee oder die Einnahme von Melisse, Hopfen, Kava-Kava, Lavendel oder Johanniskraut. Das sind die natürlichen Alternativen der so genannten Tranquilizer, allerdings in der Wirkung nicht so intensiv wie ihre „Kollegen" aus dem Labor.

Das Johanniskraut in entsprechender Konzentration von etwa 650 Milligramm, Kava-Kava oder Baldrian helfen gegen Schlafstörungen, Depressionen und Angst. Man sollte vielleicht vor dem Griff zur chemischen Keule zunächst die Kraft der Natur befragen und ihr eine Chance geben. Sie haben auch so gut wie keine Nebenwirkungen, wenn man sie der Packungsbeilage entsprechend anwendet. Man muss aber auch bei den natürlichen Stoffen berücksichtigen, dass sie morgens einen so genannten Hang-over-Effekt verursachen können, also man kommt etwas behäbig in den Tag hinein. Das ist wichtig für Leute, die gleich morgens im Job topfit sein müssen. Mit pflanzlichen Produkten kann man sich gut an seine Wirkdosis herantasten:

Was braucht man, um cool vor dem Chef aufzutreten, den Unterricht locker zu gestalten und dennoch voll da zu sein?

CHECKLISTE GEGEN LAMPENFIEBER

1.) Versuchen Sie nicht, Lampenfieber auszuknipsen. Reduzieren ist ok. Denn Lampenfieber darf nicht verschwinden. Wer kein Fieber mehr hat, wirkt kraftlos. Eine gewisse innere Spannung sollte nie fehlen.

2.) Es hilft Ihnen zu wissen, dass andere auch Lampenfieber haben. Denn Lampenfieber ist etwas ganz Natürliches.

3.) Verdrängen Sie Ihre Ängste nicht. Denn so verstärken Sie nur Ihren inneren Druck. Stressenergien lassen sich meist positiv umsetzen. Lernen Sie Ihre Angst zu akzeptieren, denn sonst machen Sie nur noch mehr Fehler.

4.) Üben, üben, üben! Nur wer sicher ist, kann gut auftreten und sein Lampenfieber kontrollieren. Üben Sie Ihren Text, Ihre Gestik, Ihre Bewegung, Ihre Sprache, Ihre Lautstärke, Ihre Stimme. Bereiten Sie sich also gut vor.

5.) Atmen Sie tief durch, bevor Sie ins Rampenlicht treten. Tief und ruhig ein- und ausatmen, den Atem anhalten, den Körper voll
mit Sauerstoff füllen. Das schafft Energie
vom Bauch bis zum Kopf.

6.) Bewegen Sie sich, denn das baut Stress ab.
Aber bewegen Sie sich nicht unkontrolliert
einfach nur so. Bewegungen, die nicht zur
Aussage gehören, unterdrücken nervöses
Kratzen, Zucken, mit den Fingern spielen o-
der Füßen wippen. Unterdrücken Sie dagegen bewusst alle Bewegungen, weil Sie
ruhig bleiben wollen, bewegen Sie sich
zwangsläufig mit falschen Bewegungen.
Verlagern Sie Ihre Bewegung nach oben.
Bleiben Sie mit dem Boden fest verankert,
stehen sie quasi geerdet und verlagern die
Bewegung in die Arme. Sie muss allerdings
immer synchron sein, also zum Text der
Rede zum Beispiel passen.

7.) Entspannen Sie sich bewusst und lockern
Körper und Kopf auf. Sie können einen kur-

zen Spaziergang vor dem Auftritt unternehmen. Aber auch Entspannungstechniken helfen. Sogar Atmen, Gähnen und Lachen sind gut geeignet. Mentaltechniken, sich positiv einzustimmen, sind ebenso geeignet wie Autosuggestion (Ich freue mich auf den Auftritt).

8.)   Ein gutes Training hilft. Sie können Ihre Rede auf ein Diktiergerät aufnehmen und sich selbst mal anhören. Trainieren Sie vor dem Spiegel oder einer Videokamera. Man kann auch in speziellen Seminaren Auftritte trainieren. Das fördert das Selbstbewusstsein und baut Lampenfieber ab.

9.)   Nehmen Sie die Situationen, die in Ihnen Lampenfieber einflößt, bereits vorweg. Man nennt das Antizipation. Stellen Sie sich gedanklich vor, wie Sie auf der Bühne stehen, vor Publikum präsentieren müssen oder auf Fragen in einer Pressekonferenz antworten. Machen Sie es wie der Slalomfahrer, der gedanklich seine Strecke immer wieder durchgeht. Sprechen Sie laut für sich selbst alle auftretenden Gedanken: Tausende Augen sind auf mich gerichtet.

Alle erwarten von mir nun eine spannende Rede, die sie mitnimmt. Ich habe eine kräftige Stimme. Der Saal ist groß. Die Lautsprecher hallen, das Licht ist scharf auf mich gerichtet. So sinkt mein persönlicher Angstpegel, und ich kann den Auftritt perfekt hinlegen.

10.) Überlassen Sie nichts dem Zufall. Gehen Sie vor dem großen Auftritt auf die Bühne und machen sich mit Einzelheiten vertraut. Wo steht das Odium, wo ist das Mikrofon, von wo strahlt das Licht ein, wie eben oder uneben ist die Bühne – und machen Sie einen Technikscheck. Denn nichts ist schlimmer, als dass die Technik versagt. Benutzen Sie technische Geräte wie Overheadprojektor oder Beamer, prüfen Sie vorher deren Funktionsfähigkeit und die Stromzufuhr.

11.) Legen Sie einen guten Start hin. Das ist so wie mit einem Zeitungsartikel: Wenn Sie nicht in den ersten Sätzen die Spannung der Leser erreicht haben, wird Ihnen kaum noch jemand bis zum Ende folgen. Überlegen Sie sich also einen guten Start, der Publikum das Publikum auflockert und Ihnen

Sicherheit gibt. Finden Sie einen Gag, einen Aufhänger, eine provokative Behauptung, eine rhetorische verblüffende Frage, oder erzählen Sie ets Persönliches wie „Auf dem Weg hierhin ist mir doch etwas Kurioses passiert…". Oder der Sänger startet mit einer glänzenden Performance. Der Lehrer kommt mit einer verblüffenden Bemerkung. Der Bewerber strahlt und spielt die Kraft seiner sympathischen Augen offen aus. Wichtig ist ein guter Start. Danach wird der Rest zum Selbstläufer.

12.) Gönnen Sie sich eine Startpause. Der gestresste Redner wirkt hektisch und rennt quasi in seinen Auftritt hinein. Sie treten auf die Bühne und gönnen sich erst einmal eine Pause. Sie wirken dabei souverän, nehmen am Podium oder Rednerpult Platz. Im Bewerbungsgespräch lassen Sie erst mal die Anderen machen. Sammeln Sie sich, schauen Sie ins Publikum hinein, nehmen Augenkontakt auf. Das verübelt Ihnen keiner, im Gegenteil: Es erzeugt Spannung. Die Leute zerplatzen vor Neugier: Was kommt denn jetzt?

13.) Nutzen Sie die Ventiltechnik für Ihre Stimme. Reden Sie zurückhaltend, dann verstärkt sich Ihr innerer Angstdruck. Sprechen Sie zögerlich, zu leise oder flüstern gar, dann befördert das die innere Verkrampfung und erzeugt Spannung. Reden Sie also mit aufgeblendeter Stimme, frisch und tragend, der Situation angemessen. Denn das ermutigt Sie selbst. Denn er nimmt sich so selber wahr. Er spürt plötzlich: Das Reden funktioniert und wird selbstsicher.

14.) Suchen Sie den Augenkontakt mit Ihrem Publikum, Gesprächspartnern, Schülern, Studenten oder Kunden. Meiden Sie den Kontakt von Anfang an, werden Sie ihn auch selten während Ihres Auftritts hinbekommen. Sie schauen an die Decke, in den Himmel oder klammern sich an Ihr Stück Papier, an Ihre Unterlagen. Mit dem Blickkontakt stellen Sie eine Verbindung her. Bauen Sie also gleich zu Beginn Brücken, denn während der Stressphase gelingt es Ihnen nicht mehr. Bestehen diese Brücken aber einmal, dann überstehen Sie auch Schwächephasen.

15.) Stehen Sie zu Fehlern. Es ist nur allzu menschlich, dass man aufgeregt ist und dabei Fehler macht. Das Publikum wird es Ihnen verzeihen. Sagen Sie offen: „Sorry, da bin ich in der Zeile verrutscht!" oder „Jetzt hab ich doch glatt meinen Text vergessen!". Das macht Sie sympathisch. Oder Profis machen einfach weiter, lassen sich nichts anmerken, so dass der Betrachter den Patzer kaum bemerkt. Allerdings dürfen sich die Fehler nicht so stark wiederholen, dass ein einziges Gestammel wird.

16.) Lampenfieber ist am größten vor dem Auftritt. Machen Sie sich deshalb immer bewusst, dass im Moment des Auftritts ein Großteil davon verpufft. Schaffen Sie einen guten Start, dann ziehen Sie das Ding auch souverän durch. Sobald Sie auf die Bühne treten, spulen Sie das, was Sie gut vorbereitet haben, einfach ab.

17.) Ihr Auftritt hat einen Sinn und ist nicht sinnlos, zwanghaft. Der Regierungssprecher mag mit den Jahren wie ein Roboter wirken. Der kann dann kaum noch enthusiastisch die Politik und Entscheidungen rüberbringen. Sagen Sie sich also vor jeder Aktion: „Sie hat einen Sinn!" Sie sind also nicht gezwungen aufzutreten. Sie stehen freiwillig auf der Bühne. Es hat eine positive Wirkung auf Ihre Sicherheit, wenn Sie die Sinnhaftigkeit des Auftritts für sich individuell klären.

18.) Bleiben Sie immer in der Gegenwart Ihres Auftritts und denken nicht schon an das Ende („Wäre doch die Rede endlich vorbei oder der Song am Ende oder Gespräch gelaufen oder die Pressekonferenz beendet…"). So beeinflussen Sie besser das Geschehen. Der positive Wirkmechanismus heißt hier: Prozessorientierung statt Zielorientierung. Bleiben Sie immer im Moment, im Jetzt. Denken Sie nicht daran, den Preis schon in der Hand zu halten oder den Jubel des Publikums entgegen zu nehmen.

19.) Denken Sie nie daran, was andere über Sie denken, wie wohl Ihr Auftritt ankommt. Damit verschwenden Sie Energie, die Sie für

Ihren Auftritt brauchen. Das hilft Ihnen auch nicht wirklich weiter. Ihr eigener Aufmerksamkeitsfokus muss immer auf die eigene Tätigkeit, das eigene Agieren gerichtet sein – auf nichts anderes.

20.) Treten Sie mit einer positiven Erinnerung an einen guten ehemaligen Auftritt erneut vor Ihr Publikum. Kurz bevor Sie in den „Löwenkäfig" gehen, denken Sie daran, welche guten Auftritte Sie gemeistert haben. Was ist Ihnen super gelungen? Ja, und genauso soll jetzt wieder klappen. Das versetzt Sie nämlich in einen guten psychologischen Zustand. Unser Nervensystem geht dann nämlich eher auf die Suche nach erfolgsassoziierten Erinnerungsfeldern. Das darf aber nicht überhandnehmen und die Ernsthaftigkeit des Auftritts gefährden. Die positive Einstimmung dient der Spielfreude. Sie vergrößert eine positive Erwartungshaltung.

21.) Nehmen Sie hilfreiche innere Begleiter mit auf die Bühne, ins Gespräch, in den Vortrag. Oft sind es doch die negativ geprägten Kritiken der Eltern, Lehrer oder Vorgesetzten, die uns ständig begleiten. Nehmen Sie stattdessen das positive Urteil Ihrer Freundin oder eines Kollegen mit: „Deine Augen sind so einnehmend", „Du bewegst Dich auf der Bühne so perfekt", „Deine Sprache reißt mich mit ...". Sie fühlen sich sicher und angenommen. Lampenfieber dient nur noch der eigenen Kreativität. Also verinnerlichen Sie noch einmal kurz vor dem Auftritt positive Kritiken über Sie.

22.) Gehen Sie mit selbstbewusster Körperhaltung auf die Bühne. Gebeugt und zaghaft macht keinen guten Eindruck. Also: Brust raus, Schultern zurück, aufrecht und gerade – das zeigt Selbstbewusstsein und gibt Ihnen inneren Halt.

23.) Nehmen Sie Kontakt mit dem Publikum auf. Es will Ihnen ja grundsätzlich nichts Böses, im Gegenteil: Es kommt mit einer positiven Erwartungshaltung und nicht, um Krawall zu machen. Vielleicht kennen Sie einige Zuhörer persönlich. Nehmen Sie besonderen Kontakt mit ihnen auf, vielleicht durch ein kurzes Winken, ein Hallo oder ein Augenzwinkern. Soll Ihr Auftritt gut werden, brauchen Sie die Interaktion mit dem Publikum.

24.) Gegen den trockenen Mund hilft: Vor dem Auftritt nichts Salziges essen und keinen Kaffee trinken. Verzichten Sie auch auf Milch und süße Getränke. Am besten ist ein Glas nicht zu kaltes stilles Wasser, das Sie auch, während Sie reden, immer in der Nähe haben sollten.

25.) Ein halbes Glas warmes Leitungswasser half schon dem früheren amerikanischen Präsidenten Ronald Reagan bei langen Fernsehansprachen gegen Lampenfieber. Eine zitternde Stimme können Sie kontrollieren, indem Sie einfach etwas lauter sprechen.

26.) Zum Vortrag sollten Sie nur postkartengroße Karteikarten nutzen. Denn bei einem DIN-A4-Blatt erkennt der Zuschauer sofort zitternde Hände. Das ganze Blatt flattert. Und noch ein Tipp: Wenn Sie Ihre Hände einfach herunterhängen lassen, verstärkt es das Zittern noch. Setzten Sie stattdessen besser zu einer Gestik mit den Händen an, das lässt Zittern vergessen.

27.) Gegen auftretenden Schweiß sollten Sie immer ein Stofftaschentuch bereithalten. Schweiß fällt auf heller Kleidung weniger auf als auf dunkler. Kleiden Sie sich so, dass Sie immer auch ein dunkles Jackett ausziehen können, wenn Sie darunter ein weißes Hemd tragen.

28.) Vergessen Sie Ihr eigenes Rotwerden im Gesicht. Wahrscheinlich nehmen nur Sie es wirklich wahr. Im Publikum merkt es kaum jemand, weil das auf Ihren Vortrag, Song oder Präsentation konzentriert ist.

29.) Machen Sie sich klar, dass jeder Zuschauer im Publikum Ihren Auftritt nur mit seinen Augen sieht. Immer nur jede Person für sich (so wie Sie das auch tun, wenn Sie im Theater sind oder einem Redner zuhören). Sie stehen also gar nicht vor einer riesigen Masse, Sie stehen immer nur vor einem Menschen – dies halt nur tausendfach!

30.) Akzeptieren Sie Ihr Lampenfieber als etwas ganz Normales wie das tägliche Essen. Ihr Körper reagiert einfach nur so als würde er bedroht und schüttet das Glückshormon Adrenalin aus. Es erhöht die innere Gespanntheit und Konzentration. Es trägt so zu herausragenden Leistungen bei. Ihr Lampenfieber wird nach den ersten Sätzen verflogen sein. Nach wenigen Sekunden hat sich nämlich Ihr Körper an die Situation gewöhnt.

SchlussWORT

Es ist noch kein Meister vom Himmel gefallen. Aber Übung macht den Meister. Wer auftreten muss oder will, übt – mitunter hart und bis zum Exzess. Denn je geübter man ist, umso so sicherer wird man.

Aber auch bekannte Popstars haben heute noch Lampenfieber. Nur die extremen Symptome von Lampenfieber wie Herzrasen, feuchte Hände oder ein zugeklebter Mund gilt es zu bekämpfen. Eine gewisse Grundportion von Lampenfieber braucht man, um Höchstleistungen zu vollbringen. Deshalb betrachten Sie Lampenfieber nicht als natürlichen Feind des Künstlers, Lehrers, Professors oder Bewerbers. Wer in der Öffentlichkeit steht, braucht Lampenfieber. Akzeptieren Sie das bitte. Und je öfter Sie im Rampenlicht stehen, umso erfahrener werden Sie auch damit, Patzer zu überspielen.

Es bricht Ihnen auch keinen Zacken aus der Krone, zu Ihren kleinen menschlichen Unzulänglichkeiten zu stehen. Das macht Sie nur sympathischer. Mit der Kenntnis all dieser Dinge werden Sie künftig Lampenfieber eher akzeptieren. Und sollten Sie unter extremen Folgen von Lampenfieber leiden, dann können Sie ja immer noch auf die Tipps aus diesem Buch zurückgreifen.

Viel Erfolg bei Ihrem glanzvollen Auftritt!

DOWNLOAD AUDIOGUIDE

Lassen Sie Ihr Buch jetzt per Audioguide sprechen.

Ein Audioguide ist eine Art Hörbuch. Anders als bei Hörbüchern dient dieser Audioguide-Service jedoch nicht der Unterhaltung, sondern der reinen Informationsübermittlung, ähnlich wie das beispielsweise von akustischen Sprachführern in Museen bekannt ist.

Aus diesem Grund hören Sie in diesem Audioguide auch keine natürliche, sondern eine synthetische Stimme, die mit neuester hochentwickelter Sprachsynthese-Technologie realisiert wurde.

Anwendungstipps:

Sie können die Inhalte des Buchs anhören und da-durch viel Zeit sparen. Hören Sie diesen Audioguide zum Beispiel unterwegs, während der Autofahrt. Oder per Smartphone im Bus auf dem Weg zur Arbeit. Oder beim Arzt im Wartezimmer. Sie können auch anderen Tätigkeiten nachgehen, während Sie den Audioguide anhören, wie zum Beispiel Küchen- und Gartenarbeit. Oder einfach nur auf dem Sofa relaxen!

 Zum Download kommen Sie über eine kurze Mail an joewi@mail.de

Ich sende Ihnen den Link, wenn Sie mir eine Kopie/Foto Ihres Kaufnachweises zumailen.

 Jörg Willems (*1964) arbeitet als freier Autor, Redakteur und Medienberater. Er hat unzählige Bücher als Herausgeber in verschiedenen Verlagen redaktionell begleitet und einige Ratgeberbücher zu verschiedenen Themen geschrieben und auch als E-Books umgewandelt. Jörg Willems ist Mitglied des Deutschen Fachjournalistenverbandes (DFJV) und Gründungsmitglied der Initiativgruppe www.kleinverlage-online.de.

Weitere Ratgeberbücher finden Sie auf www.joewis-ratgeber.de.

Buchempfehlung

Dieser Ratgeber kann beim Autor direkt bestellt werden für **12,80 € zzgl. 1,50 € Versandkosten** oder direkt bei Amazon, bei bod.de oder im Buchhandel.

Bestelladresse: joewi@mail.de